Rüdiger von Nitzsch und Florian Methling

# REFLEKTIERT ENTSCHEIDEN

Rüdiger von Nitzsch und Florian Methling

# REFLEKTIERT ENTSCHEIDEN

## KOMPETENT MIT KOPF UND BAUCH

Frankfurter Allgemeine Buch

**Bibliografische Information der Deutschen Nationalbibliothek**
Die Deutsche Nationalbibliothek verzeichnet diese Publikation in der Deutschen Nationalbibliografie; detaillierte bibliografische Daten sind im Internet über http://dnb.dnb.de abrufbar.

Frankfurter Allgemeine Buch


Frankfurter Allgemeine Buch
Frankenallee 71–81
60327 Frankfurt am Main

Umschlag und Satz: Anabell Krebs
Druck: CPI books GmbH, Leck
Printed in Germany

2. Auflage
Frankfurt am Main 2022
ISBN 978-3-96251-140-1



Frankfurter Allgemeine Buch hat sich zu einer nachhaltigen Buchproduktion verpflichtet und erwirbt gemeinsam mit den Lieferanten Emissionsminderungszertifikate zur Kompensation des $CO_2$-Ausstoßes.

# INHALT

# VORWORT

Es gibt viele Ratgeber zum Thema „Entscheiden". Einige loben die Intuition über alles, andere vermitteln die Gefahren von Bauchentscheidungen und plädieren für strukturiertere Kopfentscheidungen. Die Wahrheit liegt wie so häufig in der Mitte. Intuition hat in bestimmten Situationen ihre Stärken, und häufig lohnt es sich, auf seinen Bauch zu hören. Dennoch kann in vielen Fällen nicht auf einen gesunden Menschenverstand und Selbstreflexion verzichtet werden. Wir plädieren in diesem Buch für *reflektiertes Entscheiden* durch ein bewusstes Miteinander von Bauch und Kopf, um die Stärken beider Ansätze bestmöglich zu kombinieren. Wir geben viele Hinweise und stellen Methoden vor, die Sie auf Ihrem Weg zu einer entsprechenden Entscheidungskompetenz unterstützen.

Dieses Buch richtet sich an diejenigen, denen einfache Ratgeber, wie man Entscheidungen zu treffen hat, zu oberflächlich sind und wissenschaftliche Lehrbücher zur normativen Entscheidungstheorie oder zur Psychologie der Entscheidung zu theoretisch. Wir wollen mit diesem Buch einen Mittelweg beschreiten. Der praktische Nutzen aus vielen Erkenntnissen der Entscheidungstheorie soll zwar im Vordergrund stehen. Gleichzeitig verstehen wir uns aber als Wissenschaftler, weshalb uns auch eine theoretische Fundierung sehr wichtig ist.

Die präsentierten Inhalte und Empfehlungen entwickelten sich vor allem durch langjährige Lehr- und Forschungserfahrungen im Bereich der Entscheidungstheorie an der RWTH Aachen. Die Entscheidungstheorie beschäftigt sich zum einen damit, das Entscheidungsverhalten von Menschen zu beschreiben, zu verstehen und beispielsweise auch typische Entscheidungsfehler zu finden. In unzähligen Labor- und Feldstudien haben viele Forscher interessante und wichtige Erkenntnisse über das menschliche Entscheidungsverhalten gewonnen, die wir in diesem Buch aufgreifen werden. Zum anderen beschäftigen wir uns in der Entscheidungstheorie mit Methoden und Instrumenten, die Entscheidern helfen, bessere Entscheidungen zu treffen. Wir werden auf diejenigen analytischen Konzepte zu sprechen kommen, die unserer Meinung nach den größten Nutzen für praktische Entscheidungsprobleme liefern.

Zusätzlich zu dieser wissenschaftlichen Ausrichtung haben wir in verschiedenen Bereichen (Wirtschaft, Politik, private Lebensplanung und Gesundheit) Beratungsprojekte, Workshops und Coachings durchgeführt, um Entscheidern bei der Strukturierung ihrer Entscheidungschancen zu helfen. Auch im Zuge der Entstehung des von unserem Team entwickelten und im Internet verfügbaren Trainings- und Entscheidungstools ENTSCHEIDUNGSNAVI haben wir viel über verständliche und klare Hinweise zur Verbesserung von Entscheidungen gelernt. Das Buch ist aus dem Bedürfnis heraus entstanden, diese vielen wertvollen Erkenntnisse, die wir in den letzten Jahren erlangt haben, einem breiteren Publikum zur Verfügung zu stellen.

In dem ersten Teil des Buches (Kapitel 1 bis 5) gehen wir auf die Probleme von reinen Kopf- oder Bauchentscheidungen ein und stellen die grundlegenden Stärken eines reflektierten Vorgehens zwischen Kopf und Bauch vor. Im zweiten Teil (Kapitel 6 bis 10) erläutern wir anhand eines durchgehenden Beispiels Schritt für Schritt, wie ein reflektierter Entscheidungsprozess konkret umgesetzt werden kann. Zum Abschluss des Buches laden wir Sie ein, durch das Gelernte zur Verbesserung der Entscheidungskultur in unserer Gesellschaft beizutragen, und zeigen Ihnen dabei auch, wie Sie das machen könnten.

Prof. Dr. Rüdiger von Nitzsch

Dr. Florian Methling

# WARUM REFLEKTIERTES ENTSCHEIDEN SINNVOLL UND NOTWENDIG IST

In diesem ersten Teil des Buches geben wir Ihnen eine Einführung in reflektiertes Entscheiden.

Im ersten Kapitel wollen wir zunächst einmal verdeutlichen, wie wichtig es ist, sich mit Entscheidungen bzw. Entscheidungsprozessen im Allgemeinen zu beschäftigen. Alles, was Sie erleben und in der Welt geschieht, ist sehr eng mit Entscheidungen verknüpft. Auch sind es Ihre Entscheidungen, die zum großen Teil bestimmen, wie sich Ihr Leben weiterentwickelt. Mit stärker reflektierten Entscheidungen erhöhen Sie Ihre Selbstwirksamkeit. .

Von den vielen Entscheidungen, die Sie täglich treffen, werden Sie viele intuitiv aus dem Bauch heraus fällen. Dies ist sinnvoll und gut. Allerdings weiß man aus der Forschung, dass sich hier einige Fallstricke verstecken, die mit etwas mehr Reflexion vermieden werden können. Wir werden Sie deshalb im zweiten Kapitel in die Chancen und Risiken intuitiver Bauchentscheidungen einführen.

Im dritten Kapitel werden wir den Gegenpart zu der intuitiven Bauchentscheidung behandeln, nämlich eine strikt analytische Vorgehensweise im Entscheidungsprozess. Hier werden wir Ihnen vorstellen, mit welchen fünf Schritten man eine überlegte Kopfentscheidung treffen sollte.

Das vierte Kapitel führt schließlich den Bauch- und Kopfentscheidungsweg zu einem gemeinsamen Weg des reflektierten Entscheidens zusammen. Wir stellen dar, dass sich beide Wege grundsätzlich wunderbar ergänzen können.

Der Weg zu Ihrer Entscheidungskompetenz, also Ihrer Fähigkeit, eine Entscheidung reflektiert treffen zu können, ist jedoch ein wenig steinig. Sie sollten reflektiertes Entscheiden trainieren und selbst damit einige Erfahrungen sammeln. Was Sie hierbei beachten müssen, stellen wir im Kapitel 5 dar.

# 1

# EINE WELT VOLLER GUTER UND SCHLECHTER ENTSCHEIDUNGEN

Jeder kennt wahrscheinlich den Rat, seine Energie nicht in diejenigen Dinge zu stecken, die man ohnehin nicht ändern kann, sich dafür aber dem zu widmen, was man tatsächlich beeinflussen kann. Hiermit kommt zum Ausdruck, dass zwei Faktoren maßgeblich die Qualität des eigenen Lebens bestimmen: Schicksal und die eigenen Entscheidungen. Freuen Sie sich, wenn es das Schicksal gut mit Ihnen meint, und ärgern Sie sich nicht zu sehr, wenn es nicht so gut läuft. Aber konzentrieren Sie sich vor allem auf Ihre Entscheidungen, denn nur hier können Sie etwas bewirken. Wie Sie dies am besten umsetzen können, wird Ihnen dieses Buch zeigen.

Sie treffen jeden Tag unzählige Entscheidungen, meistens denken Sie dabei noch nicht einmal nach. Vieles ist Gewohnheit, z.B. der morgendliche Griff zur Zahnbürste, die Wahl des Brotaufstriches, die Form der Begrüßung der eigenen Kolleginnen und Kollegen am Arbeitsplatz, das Ordern eines Espressos nach dem Essen und vieles mehr. Auch die Wahl des Sitzplatzes in einem Seminarraum oder Hörsaal scheint in gewisser Weise einem Gewohnheitsprinzip zu folgen. Es ist schon auffällig, wie häufig wir unsere Studierenden wieder auf dem Platz finden, den sie schon in der Woche davor belegt hatten, ohne dass es dafür irgendwelche Zwänge oder Regeln gibt. Aber auch in neuen Situationen, in denen es noch keine Gewohnheiten gibt, treffen Sie häufig eine schnelle Entscheidung. Ohne die Optionen explizit zu betrachten und Vor- und Nachteile abzuwägen, wählen Sie das Naheliegende. Vor Ihnen stürzt z.B. ein älterer Fußgänger und scheint sich wehgetan zu haben. Sie laufen schnell hin und fragen, ob er Hilfe benötigt. Oder Sie werden von Ihren Freunden gefragt, wie es Ihnen geht, und formulieren sofort ein „Gut" als Antwort, obwohl es sehr viele unterschiedliche Antwortmöglichkeiten gegeben hätte und Sie über Ihr tatsächliches Befinden noch nicht einmal nachgedacht haben. In beiden Situationen sind es letztlich Ihre Entscheidungen, die festlegen, wie Sie sich verhalten.

Einfluss auf Ihr Leben können Sie somit beispielsweise nehmen, wenn Sie Ihre Gewohnheiten ins Visier nehmen. Wenn Sie morgens auf dem

Weg zu Ihrem Büro in der dritten Etage einmal nicht – wie sonst immer – den Fahrstuhl nehmen, sondern sich für die Treppe entscheiden, haben Sie wieder ein Stück mehr Kontrolle über Ihr Leben gewonnen. Sie haben dies getan, weil Sie erkannt haben, dass SIE entscheiden können und mit einer Entscheidung etwas bewirken können, was für SIE positiv ist. Vielleicht spüren Sie die gesundheitlichen Konsequenzen nicht unmittelbar, möglicherweise leiden Sie zunächst auch unter Atemnot und Schweißausbrüchen auf den letzten Treppenstufen, aber nach vielen ähnlichen Entscheidungen werden Sie die positiven Konsequenzen schon bemerken.

## Ereignisse als Konsequenzen von Entscheidungen

SIE TREFFEN TÄGLICH ZAHLLOSE ENTSCHEIDUNGEN, DIE ALLE MIT KONSEQUENZEN VERBUNDEN SIND.

Letztlich verbergen sich hinter allen Geschehnissen, über die täglich z.B. in den Nachrichten oder Zeitungen berichtet wird, Entscheidungen mit daraus resultierenden Konsequenzen. So erfahren Sie beispielsweise in den Nachrichten, dass es einen Gesetzentwurf zur Neuregelung in der Pflegeversicherung gibt. Offenbar haben sich hier Politiker und Fachexperten lange Zeit ausgetauscht und überlegt, wo die Schwächen des aktuellen Systems sind und wie man diese verbessern könnte. Nach Einschätzungen und Bewertungen, wie so ein Gesetzentwurf in der Bevölkerung ankommen bzw. sich auf die nächste Wahl auswirken könnte, hat man sich am Ende auf den letzten Entwurf geeinigt und der Gesundheitsminister hat sich entschieden, diesen in eine Lesung im Bundestag einzubringen. Der neue Gesetzentwurf ist hier eine Konsequenz vieler Entscheidungen aller Beteiligten.

Oder Sie lesen, dass zwei Unternehmen eine Fusion anstreben. Auch hier mag es umfangreiche Vorüberlegungen gegeben haben. Szenarien wurden durchgespielt, und es gab Verhandlungen über die genaue Fusionsausgestaltung. Und auch hier stand am Ende die Entscheidung der beiden Vorstandsgremien, das Fusionsvorhaben den Aktionären vorzuschlagen. Eine große Rolle bei diesen Entscheidungen haben vermutlich Prognosen gespielt, wie sich eine Fusion auf die wirtschaftlich relevanten Kenngrößen wie Umsatz, Kosten und Marktstellung auswirken wird. Ob die Fusion eine gute oder eine schlechte Entscheidung ist, wird davon abhängen, ob die Einschätzungen wirklich zutreffen werden oder nicht.

In der Sportschau bekommen Sie mit, dass die Fußballnationalmannschaft in einem Freundschaftsspiel ein Unentschieden erreicht hat. Unabhängig davon, ob Sie damit zufrieden sind oder nicht, sind auch hier Entscheidungen verantwortlich gewesen. Der Bundestrainer hatte sich vielleicht nach langem Abwägen für eine bestimmte Mannschaftsaufstellung und Strategie entschieden. Auch die Spieler haben eine Unmenge von Entscheidungen im Spielverlauf getroffen, wobei die allermeisten sicherlich unmittelbar und ohne langes Nachdenken entstanden sind. Die Spieler profitierten hierbei davon, dass sie im Training schon viele Spielsituationen geübt hatten und deshalb kaum noch überlegen mussten, sondern auf ihre antrainierten Entscheidungen zurückgreifen konnten. Wirklich viel Zeit haben die Spieler auf dem Feld in den meisten Situationen ohnehin nicht. Neben den Fähigkeiten der Spieler war es also die Summe aller Entscheidungen und vielleicht auch ein wenig Zufall, was zum Unentschieden führte.

Dann hören Sie in den Nachrichten etwas über eine Naturkatastrophe, bei der schon wieder ein Hurrikan in Florida erhebliche Schäden angerichtet hat. Vielleicht denken Sie, dass dies eine Nachricht ist, die nicht mit einer Entscheidung in Verbindung gebracht werden kann. Aber auch hier gibt es Entscheidungen aus der Vergangenheit, die mitverantwortlich sein könnten. Wir reden von Entscheidungen von Staaten, sich nicht ausreichend mit ordnungspolitischen Vorgaben um die Erreichung der Klimaziele zu kümmern und von Konsumenten, die Flugreisen unternehmen und Kreuzfahrten machen und dabei über Jahre hinweg ihr Wohl implizit höher gewichten als den negativen Einfluss auf die Umwelt. Auch dies sind aber wiederum Entscheidungen, die vielleicht kurzfristig keine spürbaren Auswirkungen haben, aber in der Summe die Entwicklungen eben doch beeinflussen können.

**ENTSCHEIDUNGEN BEEINFLUSSEN NICHT NUR IHR LEBEN, SONDERN VERBERGEN SICH AUCH HINTER FAST ALLEN GESCHEHNISSEN IN DER GESELLSCHAFT.**

Haben Sie es bemerkt? Im Beispiel der Unternehmensfusion sind wir kurz auf die vermeintlich zentrale Frage im Kontext von Entscheidungen eingegangen: Ist die betrachtete Entscheidung eine gute oder schlechte Entscheidung? Wir hatten davon gesprochen, dass es sich erst in einigen Jahren herausstellen wird, ob die Fusionsentscheidung erfolgreich sein wird oder nicht. Aber ist der Erfolg einer Entscheidung der richtige Maßstab, um gute von schlechten Entscheidungen zu unterscheiden? Um dies besser zu ergründen, betrachten wir zunächst einige Entscheidungen, die als schlechte Entscheidung oder sogar als Fehlentscheidung Berühmtheit erlangt haben.

### Beispiele von „schlechten" Entscheidungen

Fangen wir mit dem Verkauf Alaskas durch Russland an die USA vor 150 Jahren an. Bis ins 19. Jahrhundert gehörte Alaska zum russischen Kaiserreich. Aufgrund einer temporären Knappheit in der Staatskasse wurde das Gebiet schließlich 1867 für einen in heutiger Sicht lächerlichen Betrag von 7,2 Millionen $ (dies würde heute ca. 120 Millionen $ entsprechen) von Zar Alexander II. an die USA verkauft. In Anbetracht der geostrategischen Lage Alaskas und der enormen Bodenschätze der Region wird das heutige Russland diese Entscheidung des Zaren sicherlich bereuen.

Oder schauen wir auf die Unternehmenspleite von Air Berlin. Als 2014 der Ölpreis von über 110 $ pro Barrel noch zur Mitte des Jahres auf weniger als 70 $ zum Ende des Jahres eingebrochen war, sicherte sich Air Berlin den zukünftigen Einkauf von Kerosin zu einem festen, vermeintlich günstigen Preis. Die Dynamik des Ölpreisverfalls wurde jedoch unterschätzt und der Ölpreis fiel noch bis Anfang 2016 weiter auf unter 40 $. Dies kostete das Unternehmen einen dreistelligen Millionenbetrag und trieb es entscheidend mit in die Insolvenz. Diese Preisabsicherung war sicherlich eine schlechte Entscheidung.

Im Sport hat kaum eine Fehlentscheidung mehr Berühmtheit erlangt als das sogenannte Wembley-Tor aus dem Fußballweltmeisterschaftsfinale 1966 zwischen Deutschland und England. Der Engländer Hurst schießt den Ball gegen die Latte, dieser wird auf den Boden abgelenkt und springt zurück vor das Tor. Die Schiedsrichter entscheiden auf Tor, doch der Ball hatte die Linie nie mit vollem Umfang überschritten. England erzielt im Anschluss noch einen weiteren Treffer und gewinnt letztlich das WM-Finale in der Verlängerung mit 4:2. Auch diese Schiedsrichterentscheidung war sicherlich nicht gut.

### Beispiele von „guten" Entscheidungen

Genug mit den schlechten Entscheidungen, kommen wir lieber zu einigen bekannten sehr erfolgreichen Entscheidungen. Ein Beispiel liefert Bill Gates, als er 1980 einen Vertrag mit der damals übermächtigen IBM unterschrieb. Dabei ließ er sich weitsichtig das Recht einräumen, die Lizenz für die Software PC-DOS auch an andere Wettbewerber verkaufen zu dürfen. Während IBM damals die Bedeutung von Software für Privatnutzer unterschätzte, war es Bill Gates, der seine Chance erkannte. In der Annahme, dass Software in der Zukunft eine immer wichtiger werdende Rolle als Schnittstelle zwischen Hardware und Nutzer bilden wird, traf er die richtige Entscheidung und übertrumpfte mit seiner Firma Microsoft bald IBM in Größe und Einfluss. Eine – nicht nur für ihn – goldrichtige Entscheidung.

Eine nicht minder beeindruckende Entscheidung traf am 15. Januar 2009 der Kapitän des US-Airways-Flugs 1549 Chesley Sullenberger. Nach einem Vogelschlag in beiden Triebwerken mit daraus folgendem Schubverlust stand Sullenberger vor der Wahl: zurückkehren zum Flughafen LaGuardia oder Notlandung am Flughafen Teterboro in New Jersey. Doch nach Abwägung der aktuellen Höhe des Flugzeugs und der Entfernung zu den Flughäfen entschloss sich Sullenberger zu einer dritten Möglichkeit. Er änderte die Flugrichtung und richtete das Flugzeug zur Notwasserung auf dem Hudson River aus. Abgesehen von der fliegerischen Meisterleistung, die es benötigt ein Flugzeug zu notwassern, ist die Kreativität der Lösungsfindung in einer solch akuten Stresssituation beeindruckend. Sullenberger konnte durch diese Entscheidung alle Passagiere inklusive der Besatzungsmitglieder retten.

Und wieder zurück zum Lieblingssport der Deutschen: Denken Sie an die 88. Minute im Fußball WM-Finale 2014 zwischen Deutschland und Argentinien. Joachim Löw, Trainer der deutschen Nationalmannschaft, trifft die Entscheidung, Mario Götze für Miroslav Klose einzuwechseln. In der Folge dieser Entscheidung schießt Mario Götze in der 113. Minute die eigene Mannschaft zum Sieg und damit zur Weltmeisterschaft. Noch heute wird Joachim Löw für diese Entscheidung in einigen Medien gefeiert.

## Ergebnis der Entscheidung als Qualitätsmaßstab?

Was lernen wir aus diesen Beispielen? Im Nachhinein betrachtet scheint es in jeder Entscheidungssituation ein Leichtes zu sein, zwischen einer guten und schlechten Entscheidung zu unterscheiden. Im allgemeinen Sprachgebrauch sind gute Entscheidungen mit einem Erfolg verknüpft und schlechte Entscheidungen diejenigen, die zu einem schlechten

Resultat geführt haben. Aber Vorsicht: Ob sich der Erfolg einstellt oder nicht, kann ja lediglich durch Glück oder Pech oder salomonisch ausgedrückt durch das Schicksal verursacht worden sein, d.h. durch etwas, was der Entscheider nicht beeinflussen kann.

Gerade bei der Einwechslung Mario Götzes in den letzten Minuten der regulären Spielzeit war sicherlich eine Riesenportion Glück mit dabei. Oder betrachten wir es andersherum: War es vielleicht eine schlechte Entscheidung des Trainers, ihn erst so spät einzuwechseln, und hätte eine frühere Einwechslung das Spiel vielleicht gar nicht erst in die Verlängerung gehen lassen müssen? Hätte Kapitän Sullenberger einen Ausweichflughafen vielleicht doch ansteuern können und hat er mit der Notwasserung die Passagiere vielleicht eigentlich nur einem unnötigen Risiko ausgesetzt? Ebenso könnten möglicherweise einige der eben als Fehlentscheidungen eingeschätzten Situationen eigentlich ganz vernünftige Entscheidungen gewesen sein. Vielleicht war es schlichtweg nur großes Pech für Air Berlin, dass sich der Ölpreis so stark reduzierte. Die Absicherung gegen Preisänderungen ist ein übliches Verfahren in vielen Branchen und die Entscheidung orientierte sich damit an einem in der Luftfahrtbranche gängigen Vorgehen. Ebenso wenig lässt sich der Verkauf Alaskas einzig anhand des heutigen Wertes der Region bemessen. Stellen Sie sich vor, Ölfelder und seltene Rohstoffe seien in Alaska nie entdeckt worden und es sei die triste Gefriertruhe geblieben, für die man es gehalten hatte.

Dass das Ergebnis einer Entscheidung in der Tat ein schlechter Maßstab für die Qualität der Entscheidung ist, kann anhand des folgenden Beispiels noch einmal sehr deutlich gemacht werden. Stellen Sie sich einen Geschäftsmann vor, der gerade in einer Gegend, in der er sich nicht gut auskennt, einen anstrengenden Außentermin hatte und mit dem Auto wieder nach Hause fährt. Er sucht die richtige Autobahnauffahrt und ist aufgrund einer nicht ganz eindeutigen Beschilderung etwas verunsichert. Er fragt sich: „Muss ich jetzt hier rechts abbiegen oder erst bei der nächsten Auffahrt?" Er muss eine Entscheidung treffen und entscheidet sich für die nächste Auffahrt. Leider war es die falsche Auffahrt. Ja, er hat sich sogar verkehrswidrig verhalten, er durfte dort gar nicht auffahren. Und es kommt noch schlimmer. Er wird angehalten von einer Polizeistreife, die ihn beobachtet hatte und zur Rede stellt. Aber die ganze Sache dreht sich zum Positiven, denn er verliebt sich unsterblich in die sympathische Polizistin, es kommt zur Traumhochzeit und zu einem wunderbar gemeinsamen glücklichen Leben.

Auch wenn dieses Beispiel vielleicht sehr konstruiert aussieht und es zugegebenermaßen auch ist, soll es doch eines deutlich machen: Die Entscheidung, die betreffende Auffahrt zu nehmen, hat sich nach dem Entscheidungszeitpunkt sehr glücklich fortentwickelt und führte zu einem ausgezeichneten Ergebnis. Bei einer anderen Entscheidung wäre der Geschäftsmann vielleicht sein ganzes Leben alleine geblieben. Die Entscheidung führte somit sicherlich zu einem guten Ergebnis, aber eben aufgrund einer extrem glücklichen Entwicklung.

Ungeachtet dieser Tatsache beurteilen wir im normalen Sprachgebrauch Entscheidungen meistens rückblickend. Beispielsweise mit der Aussage „Wer weiß, ob das eine gute Entscheidung ist!" unterstellen wir implizit bereits, dass es sich erst später herausstellt, ob die Entscheidung gut ist. Oder wir hören uns sagen, dass eine bestimmte Entscheidung die richtige war: „Das war eine richtige Entscheidung, dass wir diesen Weg genommen haben. Auf der anderen Route war nämlich ein dicker Stau und wir wären dann viel zu spät gekommen." Zuletzt noch eine Situation, die wir vom Einkaufen ken-

**WIE ERFOLGREICH EINE ENTSCHEIDUNG IST, KANN ZWAR RÜCKWIRKEND BEWERTET WERDEN, ABER ÜBER DIE QUALITÄT DER ENTSCHEIDUNG SAGT DIES WENIG AUS.**

nen, wenn wir die zügigste Schlange an der Kasse auswählen wollen: „Mist, das war wohl die falsche Entscheidung, diese Kasse zu nehmen. Bei der anderen wären wir schon längst durch." Unabhängig davon, ob von einer guten, erfolgreichen, glücklichen bzw. richtigen oder im ungünstigen Fall von einer schlechten, unglücklichen bzw. falschen Entscheidung gesprochen wird, wird in der Regel auf das Ergebnis abgestellt. Und dieses ist erst später bekannt.

### Unser Verständnis von Entscheidungskompetenz

Wenn wir im Folgenden von einer reflektierten Entscheidung sprechen, dann wird damit die Qualität der Entscheidung ausschließlich zum Zeitpunkt der Entscheidung beurteilt. Was sich anschließend ergibt, kann nach der Entscheidung nicht mehr verändert werden. Es ist nur noch Glück oder Pech. Doch ist eine reflektierte Entscheidung gleichwohl keine Garantie, dass diese Entscheidung auch zum Erfolg führen wird. So ist es möglich, dass das Schicksal es nicht gut mit Ihnen meint, Sie Pech haben und die Entscheidung zu einem schlechten Ergebnis führt. Im Einzelfall kann dies sogar dazu führen, dass Sie mit einer unreflektierten Entscheidung durch viel Glück ein besseres Ergebnis erreicht hätten. Aber das Schicksal können Sie nun mal nicht beeinflussen. Wenn Sie jedoch 100, 1000 oder noch mehr reflektierte Entscheidungen treffen, dann können Sie – sozusagen nach dem Gesetz der großen Zahlen – mit sehr hoher Sicherheit davon ausgehen, dass Sie sich insgesamt besser damit stellen als mit entsprechend vielen unreflektierten Entscheidungen.

Lassen Sie uns dies noch einmal an einer Situation verdeutlichen, in der Sie zu Fuß eine Straße in einem Wohngebiet überqueren wollen. Da die Wohnstraße nur mäßig stark befahren ist, können

MIT REFLEKTIERTEN ENTSCHEIDUNGEN SINKT DIE ABHÄNGIGKEIT VON GLÜCK UND PECH UND DER ERFOLG WIRD WAHRSCHEINLICHER.

Sie versuchen, sich auf Ihr Glück zu verlassen, die Zeit für einen Blick nach rechts und links sparen und einfach drauflosgehen. Vielleicht wird Ihnen beim ersten Mal nichts geschehen, wenn gerade kein Auto kommt. Vielleicht haben Sie dieses Glück auch ein zweites oder drittes Mal. Je häufiger Sie dies jedoch machen, desto wahrscheinlicher wird es, dass Sie insgesamt irgendwann einmal bei dieser unvorsichtigen Vorgehensweise mit einem Auto kollidieren. Und auf diese gesamte Sicht aller Straßenüberquerungen sollte man sich eben schon im Einzelfall einstellen und jedes Mal reflektiert entscheiden, d.h. den Blick nach rechts und links werfen. Diesen Zusammenhang zwischen dem Reflexionsgrad einer Entscheidung zum Zeitpunkt der Entscheidung und dem resultierenden Ergebnis, nachdem sich das Schicksal entweder in Form von Glück oder Pech eingemischt hat, verdeutlicht Abbildung 1.

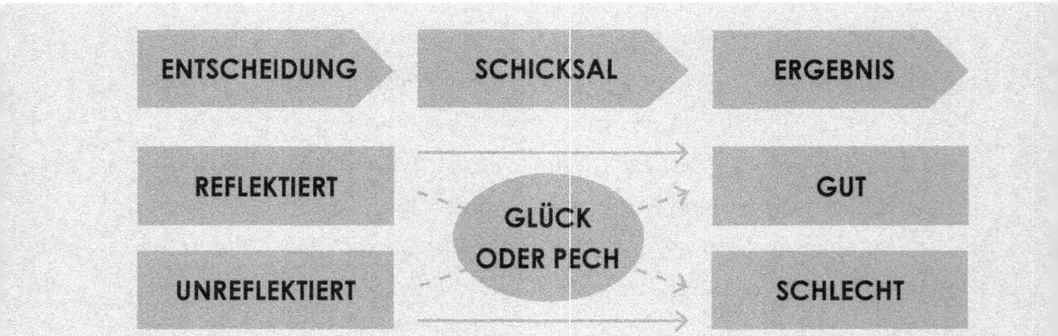


Abbildung 1: Von der Entscheidung bis zum Ergebnis

Dieses Buch wird Ihnen helfen, die Qualität Ihrer Entscheidung noch vor einem Einfluss des Schicksals auf ein bestmögliches Niveau zu heben. Dies ist unser Verständnis einer reflektierten Entscheidung.

Das Reflektieren bei einer Entscheidung geht jedoch auch mit Aufwand einher. Sie werden noch im Detail erfahren, was alles dazugehört. Ein sehr sorgfältiges Reflektieren kann schon mal eine beträchtliche Zeit in

Anspruch nehmen. Insofern ist es nicht sinnvoll, bei jeder Entscheidung einen maximalen Grad an Reflexion anzustreben. Vielleicht ist dies bei einigen wichtigen Entscheidungen angebracht. Je unbedeutender die Entscheidung für Sie ist, desto weniger Mühe sollten Sie ins Reflektieren investieren. Wenn Sie also beim Einkauf einer Fertigpizza eine Stunde vor der Kühltheke stehen und alle Hinweise dieses Buches durcharbeiten, ist das in aller Regel nicht sehr clever.

**BEI EINER REFLEKTIERTEN ENTSCHEIDUNG WIRD DIE QUALITÄT DER ENTSCHEIDUNG SCHON ZUM ZEITPUNKT DER ENTSCHEIDUNG MAXIMIERT.**

Es kommt also nicht nur darauf an, dass Sie das Handwerkszeug und die Fähigkeit zur ausreichenden Reflexion besitzen. Wichtig ist es zudem, dass Sie für jede Entscheidungssituation stets das richtige Maß bzw. die richtige Ausgestaltung einer Reflexion wählen. Wenn wir im Folgenden von der Entscheidungskompetenz einer Person sprechen, so muss beides erfüllt sein.

Bleibt am Ende dieses Kapitels noch die Frage, wie genau denn ein „Reflektieren" aussehen könnte. Die einen raten dazu, sich mit Sinn und Verstand die Vor- und Nachteile der verschiedenen Optionen aufzulisten und in einem Vergleich abzuwägen. Dieses analytische Vorgehen wird gerne als Kopfentscheidung bezeichnet. Andere plädieren dafür, sich verstärkt auf sein Bauchgefühl zu konzentrieren und auf seine Intuition zu vertrauen. Bei einem großen Erfahrungsschatz wird man hierbei möglicherweise ohne große Überlegungen von alleine auf den richtigen Weg geführt.

**ENTSCHEIDUNGSKOMPETENZ BEDEUTET, REFLEKTIERT ENTSCHEIDEN ZU KÖNNEN UND DIESE FÄHIGKEIT SINNVOLL EINZUSETZEN.**

Auch wenn in jeder Bauchentscheidung ein wenig „Kopf" dabei sein wird und auch so gut wie keine Kopfentscheidung gänzlich ohne Intuition auskommt, ist es sinnvoll, diese beiden Entscheidungswege zunächst erst einmal als unterschiedliche Vorgehensweisen zu betrachten. Dies soll Abbildung 2 veranschaulichen.

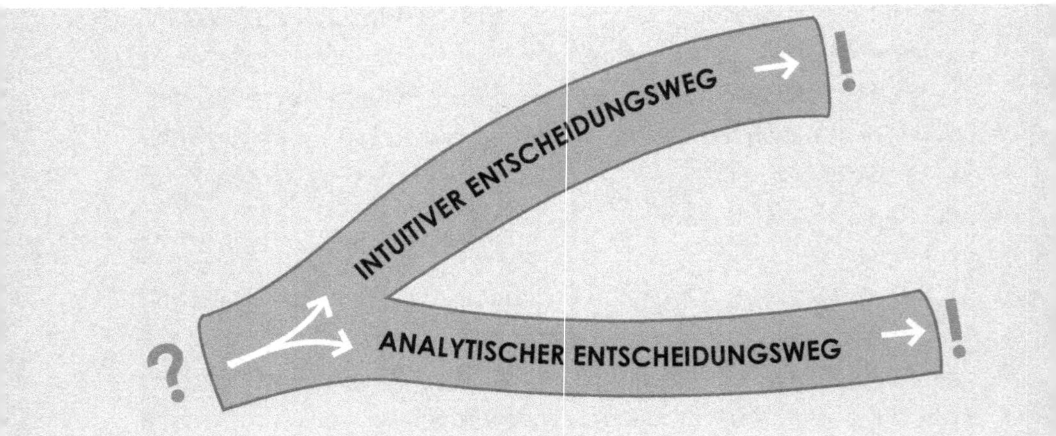


**Abbildung 2: Ablauf eines Entscheidungsprozesses**

Je nach Typ fahren Sie auf der Wegstrecke Ihres Entscheidungsprozesses also vielleicht lieber auf einer bestimmten Seite. Der typische Bauchentscheider fährt eher auf der schnellen linken Spur, der analytische eher kontrolliert und meist auch langsamer rechts. Wie es im Bild veranschaulicht ist, können die unterschiedlichen Spuren möglicherweise zu anderen Zielorten, sprich Entscheidungen, führen. Hierbei lässt sich pauschal auch nicht sagen, welcher Weg zu einer besseren Entscheidung führt.

Reflektiertes Entscheiden beschreibt ein Vorgehen, in dem die beiden Spuren nicht auseinanderlaufen. Vielmehr wird eine Wegstrecke gewählt, in der es zu vielen Spurwechseln zwischen einem intuitiven und parallel verlaufenden analytischen Weg kommt. Hierbei reißen Sie das Lenkrad nicht wahllos nach links und wieder zurück nach rechts. Vielmehr nehmen Sie gut navigierte Spurwechsel vor, in der die Vorteile des intuitiven und analytischen Entscheidungsweges kombiniert werden und die Nachteile beider Verfahren weitgehend vermieden werden sollen.

Wie ein solch reflektiertes Entscheiden und ein Navigieren zwischen den Spuren genau aussieht, werden Sie im Detail im zweiten Teil des Buches lesen können. Es wird ein Navigationsprozess in fünf Teiletappen sein, bei dem zumindest die Fahranfänger noch sehr genau den Anweisungen des Navigationssystems folgen müssen. Je mehr Übung und Erfahrung Sie dann in dem geführten Prozess haben, desto weniger werden Sie zum einen das Navigationssystem benötigen. Zum anderen werden Sie sich sogar durch Ihre Erfahrung nicht mehr so lange auf der langsamen rechten Spur bewegen müssen. Sie werden die Etappen schneller hinter sich bringen und schließlich werden Sie auch einzelne Etappen schon intuitiv souverän bewältigen. Sie werden entscheidungskompetent sein, und dies ohne jegliche Navigationshilfe.

Bevor Sie sich an diesen zweiten Teil wagen, möchten wir Sie in dem Rest dieses ersten Teils noch etwas vorbereiten. In den nächsten beiden Kapiteln werden wir zunächst getrennt voneinander den intuitiven und den analytischen Weg genauer inspizieren. In Kapitel 2 erfahren Sie, wie Intuition funktioniert und welche Chancen und Risiken damit verbunden sind. In Kapitel 3 lernen Sie einen analytischen Entscheidungsprozess in fünf Schritten kennen, der mit genau diesen Schritten auch im zweiten Teil des Buches aufgegriffen wird. In Kapitel 4 bringen wir die beiden Wege dann das erste Mal zusammen und zeigen exemplarisch, wie sich diese beiden Wege in jedem der fünf Schritte grundsätzlich gut ergänzen können. Schließlich machen wir in Kapitel 5 noch ein Zwischenfazit, bringen unser Verständnis des reflektierten Entscheidens noch einmal auf den Punkt und werden die gesamte Philosophie des Ansatzes in fünf Eigenschaften zusammenfassen.

**Was Sie in diesem Kapitel gelernt haben:**

- Entscheidungen haben einen großen Einfluss auf das Leben.
- Hinter allen Geschehnissen auf der Welt verbergen sich die Konsequenzen von Entscheidungen.
- Die Qualität einer Entscheidung muss zum Zeitpunkt der Entscheidung beurteilt werden.
- Mit reflektierten Entscheidungen sinkt die Abhängigkeit von Glück und Pech, sodass der Erfolg wahrscheinlicher wird.
- Reflektierte Entscheider verlassen sich nicht auf das Schicksal, sondern streben zum Zeitpunkt der Entscheidung die für sie beste Ausgangsposition an.
- Reflektiertes Entscheiden umfasst analytische und intuitive Wegstrecken mit einer gut kontrollierten Navigation zwischen diesen beiden Wegen.
- Entscheidungskompetenz ist die Fähigkeit, angemessen reflektierte Entscheidungen zu treffen.
- Ziel des Buches ist, Entscheidungskompetenz zu vermitteln.

# 2

# CHANCEN UND RISIKEN INTUITIVER BAUCHENTSCHEIDUNGEN

Über die Qualität von Bauchentscheidungen gibt es sehr unterschiedliche Auffassungen. So finden Sie in den Angeboten Ihres Buchhändlers sicherlich einige Ratgeber, die auf die Kraft der Intuition schwören und hierfür in der Regel anschauliche und plausible Begründungen liefern. Zugleich gibt es jedoch einen mindestens so großen Kreis an Forschern, die sehr deutlich zeigen, dass in bestimmten Entscheidungssituationen Bauchentscheidungen zu Fehleinschätzungen und Entscheidungsfehlern führen. Und hierbei handelt es sich nicht um einige wenige Situationen, die Verzerrungen treten vielmehr in vielen Situationen vorhersagbar und systematisch auf.

Um die Chancen und Risiken von Bauchentscheidungen besser herausarbeiten zu können, stellen Sie sich bitte die Intuition als Informationsverarbeitung in zwei Phasen vor.

Abbildung 3: Zweiphasenmodell der Intuition

Nachdem die Intuition durch einen Impuls (z. B. durch das Sehen eines Objektes, Lesen eines Satzes oder eigenes kritisches Nachdenken über einen Sachverhalt) angeregt wurde, werden in einer ersten Phase weitere Gedanken assoziiert. Wenn Sie beispielsweise spät abends durch eine einsame und dunkle Gasse laufen, kommen Ihnen automatisch

Gedanken über mögliche Gefahren, die in dieser Gasse lauern könnten. Ohne Berücksichtigung, wie diese neuen assoziierten Inhalte entstanden sind, werden dann in der zweiten Phase einfache Entscheidungsregeln angewendet. Diese Regeln werden im Fachjargon Heuristiken genannt. Durch die Anwendung von Heuristiken werden Entscheidungssituationen vereinfacht, was schnelle Entscheidungsprozesse ermöglicht. In der dunklen Gasse könnte beispielsweise die assoziierte Vorstellung einer dunklen Gestalt ausreichen, dass Ihre Intuition Ihnen zuruft: „Gefahr, schnell weg von hier!" Wie diese beiden Phasen genau ablaufen, werden wir uns im Folgenden genauer anschauen.

## PHASE 1: ASSOZIATION

### Wie das Gehirn funktioniert

Um zu verstehen, wie ein Assoziationsprozess abläuft, ist es notwendig, sich zunächst mit der Funktionsweise des Gehirns zu beschäftigen. Das Gehirn besteht aus vielen Milliarden Neuronen, die miteinander verknüpft sind. Auch wenn es nicht ganz exakt den tatsächlichen Gegebenheiten entspricht, stellen Sie sich bitte sehr vereinfacht einmal vor, dass jedes Neuron eine „Idee", z. B. einen Begriff oder eine Wahrnehmung, repräsentiert. Wird eine solche Idee aktiviert, erhöht sich das elektrische Potenzial in diesem Neuron und durch die Verknüpfungen zwischen den Neuronen verbreitet sich dieses elektrische Potenzial weiter. Die zuerst aktivierten Ideen aktivieren also auch alle anderen Ideen, die über die Neuronen entsprechend verknüpft sind. So entstehen Assoziationen. Je stärker die Verknüpfungen ausgebildet sind, desto schneller und klarer assoziiert der Mensch die neuen Ideen. Das folgende Bild veranschaulicht dies noch einmal am Beispiel der dunklen Gasse.

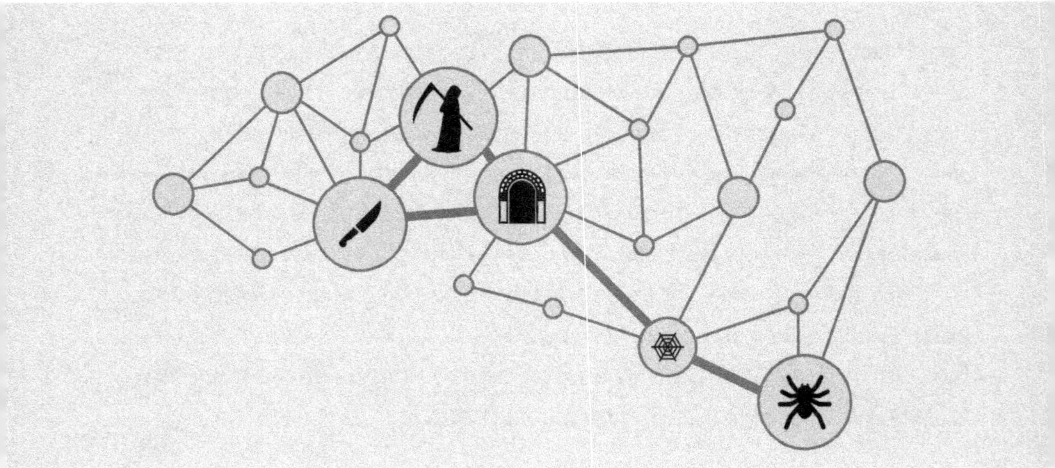

Abbildung 4: Assoziationen in einer dunklen Gasse

Es gibt sowohl bewusste als auch unbewusste Assoziationen. Die Aktivierung einer Idee muss also nicht dazu führen, dass der Inhalt dem Menschen stets bewusst wird. Vielleicht sind Ihnen Ihre assoziierten Gedanken in der dunklen Gasse sehr klar und bewusst, doch sicherlich kennen Sie auch Situationen, in denen Sie irgendein unerklärliches, ungutes Gefühl beschleicht, und es nicht genau beschreiben können.

Die Verknüpfungen zwischen den Neuronen bilden sich beim heranwachsenden Menschen erst im Laufe der Zeit richtig aus. Sie entstehen durch Lernprozesse und Erfahrungen, die gesammelt werden. Hierbei gibt es sehr unterschiedliche Interpretationen der Verknüpfungen. Es kann sich z. B. um eine Ursache-Wirkungs-Beziehung (Gift → Tod) handeln, eine Eigenschaft (Banane → krumm) oder auch um die Zugehörigkeit zu einer Kategorie (Vogel → Tier). Assoziationen hängen also immer von dem persönlichen Erfahrungs- und Wissensschatz ab.

**IHRE INTUITION GREIFT AUF IHR ERFAHRUNGSWISSEN ZURÜCK, OHNE DASS ES IHNEN BEWUSST WERDEN MUSS.**

## Assoziationen bestimmen unser Verhalten

Wie gut und effektiv Assoziationsprozesse ablaufen und wie sehr sie unser Verhalten beeinflussen können, lässt sich gut an einem Experiment veranschaulichen.[1] Stellen Sie sich vor, Sie müssten beurteilen, wie sympathisch ein Mensch auf einem Foto aussieht. Hierbei werden Ihnen verschiedene Fotos nacheinander gezeigt, und zwischen den Fotos wird unterschwellig entweder ein freundliches ☺ oder ein grimmiges ☹ Bild gezeigt. Unterschwellig bedeutet, dass Sie aufgrund der Zeigedauer von weniger als 50 Millisekunden das Smiley-Bild nicht bewusst wahrnehmen. Dennoch funktioniert die Assoziation, und alle mit dem Bild assoziierten Eigenschaften werden im Kopf aktiviert und beeinflussen Ihre Einschätzung des Fotos im nächsten Schritt. Dies bedeutet: Sie bewerten nach einem freundlichen Smiley den Menschen tendenziell sympathischer und nach dem grimmigen eher unsympathischer.

Wenn schon so geringe Eingriffe in das assoziative System ausreichen, um etwas zu manipulieren, kann man sich vorstellen, welche Auswirkungen mit stärkeren Eingriffen möglich sind. Ein gutes Beispiel hierfür liefert das sogenannte „Florida-Experiment".[2] Hier sollten die Probanden versuchen, aus fünf vorgegebenen Wörtern einen sinnvollen Satz zu bilden – und dies insgesamt 30-mal. In einer Gruppe wurden jeweils nur Wörter verwendet, die etwas mit alten Menschen zu tun haben (z. B. Florida, vergesslich, Glatze, grau, Falten). Im Versuchsdesign wurde dann beobachtet, wie schnell die Probanden über den Flur zum nächsten Test gingen. Zu beobachten war, dass die Teilnehmer der Gruppe, die sich hauptsächlich mit den Wörtern beschäftigt haben, die mit hohem Alter assoziiert werden können, signifikant lang-

IHRE ASSOZIATIONEN BEEINFLUSSEN NICHT NUR IHRE EINSCHÄTZUNGEN, SONDERN AUCH IHR VERHALTEN.

samer gingen als die neutrale Vergleichsgruppe. Damit wurde gezeigt, dass sich Assoziationen sogar auf die Motorik auswirken, weshalb man in diesem Kontext von „Ideomotor"-Phänomenen spricht: Eine Idee im Kopf beeinflusst unbewusst die Bewegung des Körpers.

## Der Einfluss von Emotionen auf Assoziationen

Wie genau eine Assoziation bei einem Menschen abläuft, hängt auch von dem jeweiligen Emotionszustand ab, in dem sich der Mensch gerade befindet. Wissenschaftler unterscheiden hierbei sieben Basisemotionen: Wut, Ekel, Verachtung, Freude, Trauer, Angst und Überraschung. Recht bekannt in diesem Zusammenhang ist das sogenannte Brückenexperiment.[3] Hierbei wurden Männer von einer attraktiven jungen Dame mithilfe eines Fragebogens interviewt. Die junge Dame gab anschließend den Interviewten ihre private Telefonnummer, und zwar mit dem Hinweis auf möglicherweise bei den Interviewten noch auftretende Rückfragen. Zum Untersuchungsdesign gehörte es, dass die Interviews auf zwei Fußgängerbrücken über dem Capilano Canyon in North Vancouver stattfanden. Eine Brücke war äußerst wacklig, nur anderthalb Meter schmal sowie 70 Meter über den Felsbrocken. Die Befragten mussten also im Emotionszustand Furcht die Fragen beantworten. Die andere Brücke war breiter, stabiler und niedrig, sodass sich keiner fürchten musste. Tatsächlich stellte es sich heraus, dass jeder zweite Mann, der auf der wackeligen Brücke befragt wurde, später zum Telefonhörer griff, während sich die anderen Männer kaum meldeten. Die Forscher konnten damit zum einen zeigen, dass sich der Emotionszustand auf die Assoziation auswirkt, denn offenbar assoziierten die Männer von der wackeligen Brücke eine höhere Attraktivität der Dame als die Vergleichsgruppe. Zweitens war interessant zu sehen, dass die Erregung, die ja auf der wackeligen Brücke eigentlich aus Furcht

**OHNE DASS SIE DIES BEMERKEN, HABEN EMOTIONEN EINEN EINFLUSS AUF IHRE ASSOZIATIONEN.**

entstanden war, im Assoziationsprozess unbewusst offenbar als eine Erregung interpretiert wurde, die die Männer normalerweise verspüren, wenn sie einer äußerst attraktiven Dame begegnen.

## Das Gehirn ignoriert Zusammenhänge

In der ersten Phase einer intuitiven Entscheidung passiert also durch die gesamten Assoziationsprozesse sehr viel im Gehirn. Aber trotz der vielen elektrischen Potenziale, die zwischen den Neuronen herumgeschickt werden, strengt es Sie nicht an. Das Gehirn arbeitet effizient und macht es sich durch einen Trick noch ein Stück einfacher. Denn es interessiert sich nicht dafür, wie die neuen Ideen entstanden sind. Alles, was zu Beginn der ersten Phase geschehen ist, wird ignoriert. Die Gründe für die Assoziationen werden vernachlässigt und am Ende stehen schlichtweg die Ideen, die neu aktiviert wurden. Was dies bedeutet, konnten wir soeben im Brückenexperiment sehen. Hier hatte das Gehirn schon vergessen, wieso es zu der Erregung gekommen ist. Es war nicht die hohe Attraktivität der Frau gewesen, sondern die wackelige Brücke, und dieser entscheidende Unterschied wurde ignoriert.

Ein weiteres Experiment verdeutlicht diesen Zusammenhang noch einmal sehr anschaulich. Forscher legten ihren Probanden an zwei Tagen jeweils verschiedene Listen mit diversen Namen vor und ließen von den Probanden die Vokale in den Namen abzählen. Nach der Zählung sollten sie jeweils sagen, welche Namen aus der Liste berühmt sind und welche nicht. Am ersten Tag schätzten die Probanden die tatsächliche Berühmtheit auch recht gut ein. Am zweiten Tag wurden jedoch einige Namen von nicht berühmten Personen, die aber auf der Vortagesliste standen, fälschlicherweise als berühmt eingestuft. Den Versuchspersonen war

> **ASSOZIATIONEN SIND EINFACH DA, MIT IHREM ENTSTEHUNGSWEG BELASTEN WIR UNS NICHT.**

also nicht mehr klar, warum sie ein Gefühl der Vertrautheit mit dem Namen besitzen. Im Zuge dieses sogenannten Becoming-Famous-Overnight-Phänomens[4] assoziierten sie mit dem Namen einzig eine Vertrautheit. Die genaue Ursache der Vertrautheit berücksichtigten sie aber nicht mehr.

Wie das Gehirn mit dieser neuen Menge an Ideen umgeht, schauen wir uns nun in der zweiten Phase der Intuition an.

## PHASE 2: ANWENDUNG VON HEURISTIKEN

In der zweiten Phase der Intuition greift das Gehirn auf sogenannte Heuristiken zurück. Heuristiken können in diesem Zusammenhang als Faustregeln verstanden werden, die der Mensch (unbewusst) anwendet, um seinen Kopf nur wenig anzustrengen, aber trotzdem schnell zu einem Ergebnis zu kommen.

### Heuristiken können sehr nützlich sein

Ein Forscher, der sich schon längere Zeit mit dem Thema Bauchentscheidungen und Heuristiken wissenschaftlich auseinandersetzt, ist der Münchener Psychologieprofessor Gerd Gigerenzer.[5] In seinen Arbeiten zeigt er, dass Menschen in bestimmten Situationen stark von ihrer Intuition profitieren können. In vielen Studien belegt er, dass durch die Anwendung von Heuristiken sehr gute Entscheidungen bzw. Einschätzungen erzielt werden.

Eine solche Faustregel ist z.B. die *Rekognitionsheuristik*. Sie besagt, dass Menschen nur deshalb, weil ihnen etwas vertraut erscheint oder sie es in irgendeiner Form wiedererkennen, (vorschnell) auf andere unbekannte Eigenschaften schließen. Als Beispiel führt Gigerenzer folgende Frage an: Welche der beiden Städte Detroit und Milwaukee hat mehr Einwohner? Ist es Detroit? Oder Milwaukee? Die meisten Befragten tippen auf Detroit und folgen hiermit der Rekognitionsheuristik, weil Detroit zumindest für Nicht-

Amerikaner bekannter ist als Milwaukee. Tatsächlich ist diese Antwort sogar richtig und zeigt, dass diese Heuristik zumindest in diesem Fall gut funktioniert.

Eine weitere Heuristik liefert uns die *„Take the Best"*-Heuristik. Bei dieser Faustregel werden in der Bewertung von Handlungsoptionen, die sich in verschiedenen Zielen unterscheiden, nur die Ergebnisse im wichtigsten Ziel herangezogen und alle anderen Ergebnisse vernachlässigt. Die Entscheidungsregel der Heuristik lautet dementsprechend: Wähle die Option, die im wichtigsten Ziel das beste Ergebnis verspricht. Wenn einem beispielsweise beim Erwerb eines Gebrauchtwagens grundsätzlich verschiedene Ziele, wie z. B. Preis, Kilometerstand, Zustand etc., interessieren, der Preis aber am wichtigsten ist, kauft man mit dieser Heuristik schlichtweg das billigste Fahrzeug, was angeboten wird.

Abschließend sei noch die *1/N*-Regel genannt. Hierbei handelt es sich um eine Heuristik, die sich auf das Verteilen von Ressourcen (z. B. Geld oder Zeit) bezieht. Bekannt ist diese Heuristik vor allem in der Finanzwelt.[6] Wenn ein Anleger z. B. 40.000 Euro in einen Aktienkorb mit zehn ausgewählten Unternehmen investieren möchte, führt die Anwendung dieser Regel dazu, dass er für jedes Unternehmen genau Aktien im Wert von 4.000 Euro erwirbt. Diese Strategie wird in vielen Fällen nicht schlechter sein als eine von Profis oder klugen Algorithmen optimierte Portfoliostrategie. Aber auch in anderen alltäglicheren Situationen finden wir diese Heuristik wieder, so z. B. beim Mittagsbuffet. Was macht man, wenn man nicht genau weiß, was am besten schmeckt? Man probiert einfach ein wenig von jedem Gericht. Und auch hier erspart die Faustregel langes Grübeln und Entscheiden.

MITHILFE VON HEURISTIKEN KÖNNEN INFORMATIONEN EFFIZIENT VERARBEITET, SCHNELL ENTSCHEIDUNGEN GETROFFEN UND HÄUFIG GUTE ERGEBNISSE ERZIELT WERDEN.

## Heuristiken sind aber auch gefährlich

Der amerikanische Psychologe und durch seinen Nobelpreis für Wirtschaft im Jahr 2002 bekannt gewordene Daniel Kahneman nimmt im Hinblick auf Heuristiken eine weitaus kritischere Position ein. So warnt er nachdrücklich vor den Gefahren der Heuristiken, weil sie nach seinen Studien häufig mit systematischen Verzerrungen - sogenannten *Biases* - in vielen persönlichen Einschätzungen einhergehen.

Um entsprechende Verzerrungseffekte gut beschreiben zu können, prägte Kahneman den Begriff WYSIATI[7]. Es ist eine Abkürzung für: „What you see is all there is". Menschen stützen sich demnach in ihrer Intuition generell auf das, was sie sehen und kennen, und berücksichtigen nur unzureichend die Dinge und Sachverhalte, die außerhalb ihres persönlichen „Bilderrahmens" liegen. Hieraus folgt beispielsweise ein Verhalten, das durch die sogenannte *Verfügbarkeitsheuristik* beschrieben wird. Dabei werden Ereignisse vom Entscheider überbewertet, wenn sie ihm sehr aktuell und anschaulich präsentiert werden. So kommt es beispielsweise bei besonders aufregend dargestellten Berichten in den Medien zu übertriebenen Reaktionen und Einschätzungen. Denken Sie nur daran, was passiert, wenn in einem bestimmten Lebensmittel irgendwelche (potenziell) kritischen Gefahren entdeckt werden. Schon halten alle Konsumenten einen großen Abstand zu genau diesem Lebensmittel und kaufen dafür etwas anderes, was im Endeffekt auch nicht ungefährlicher sein wird, dafür aber nicht in dem besagten Bilderrahmen als gefährliches Lebensmittel zu sehen ist.

Kahneman führt darüber hinaus noch die *Verankerungsheuristik* als weitere Quelle systematischer Verzerrungen auf. Menschen tendieren bei verschiedenen Schätzungen oder auch in der Verwertung von Informationen dazu, sich zunächst an einem ersten Wert zu orientieren und anschließend selbst bei Berücksichtigung weiterer Informationen oder mittels einer genaueren Analyse nur unzureichend von diesem Wert abzuweichen. Sie sind an dem ursprünglichen Wert „verankert", woraus eine systematische Verzerrung der Schätzung in Richtung dieses Ankers resultiert. Ein Experiment soll dies verdeutlichen. Kahneman befragte zusammen mit seinem Kollegen Amos Tversky Probanden, wie hoch sie den prozentualen Anteil der afrikanischen Staaten an den Vereinten Nationen schätzen.[8] Dazu wurden sie in zwei Gruppen eingeteilt. In einem ersten Schritt wurde für jede Gruppe eine Zufallszahl zwischen 0 und 100 mithilfe eines Glücksrades ermittelt. Für die erste Gruppe wurde ein Wert von zehn ausgespielt, für die zweite Gruppe ein Wert von 65. Nun mussten die Versuchspersonen angeben, ob ihre Schätzung über oder unter der Zufallszahl lag. In einem weiteren Schritt wurden die Teilnehmer des Experiments nach der konkreten Zahl befragt. Hierbei zeigte sich, dass die vom Glücksrad zufällig ermittelte Zahl eine deutliche Auswirkung auf das Resultat hatte. In der ersten Gruppe, bei der die Zufallszahl zehn lautete, betrug die durchschnittliche Schätzung des Anteils der afrikanischen Staaten an den Vereinten Nationen 25 %. In der anderen Gruppe, für die zuvor ein Zufallswert von 65 ermittelt wurde, lagen die mittleren Schätzungen mit 45 % bemerkenswert höher. Offensichtlich hatte die im ersten Schritt ermittelte Zufallszahl einen Einfluss als Ankerwert auf die Schätzung der Probanden. Die richtige Zahl liegt im Übrigen in der Mitte.

Warum es zu diesem Verankerungseffekt kommt, ist leicht nachvollziehbar, wenn man sich wieder die Funktionsweise des Gehirns als Netzwerk von Neuronen vergegenwärtigt. Die Prozentzahl, die im ersten Schritt in den einzelnen Gruppen genannt wurde, ist zwar eine Zufallszahl, aber es ist zu Beginn die einzige Zahl, die überhaupt in Verbindung zur Fragestellung ge-

**MENSCHEN GREIFEN UNBEWUSST AUF HEURISTIKEN ZURÜCK, WAS UNERWÜNSCHTE VERZERRUNGEN (BIASES) MIT SICH BRINGEN KANN.**

bracht wird. Somit wird also eine Verbindung zwischen dem Neuron für die Zahl zehn bzw. 65 und dem Neuron für die erfragte Schätzzahl aufgebaut, die den nachfolgenden Assoziationsprozess dann – wie eben beschrieben – beeinflusst.

Während Gigerenzer also die Nützlichkeit von Heuristiken lobt, wird der Rückgriff auf Heuristiken von Kahneman als kritisch angesehen. Dies ist eine durchaus beachtenswerte Situation, wenn zwei so hoch anerkannte Wissenschaftler konträre Positionen einnehmen. Und beide stehen mit ihrer Meinung nicht alleine, es gibt viele jeweils ähnlich denkende Forscher oder Autoren, vielleicht ein wenig mehr auf der Seite von Kahneman. Die Wahrheit findet man, wie so häufig, aber zwischen beiden Positionen. Heuristiken sind weder prinzipiell gut noch schlecht. Aber Vorsicht: In Anbetracht der begrifflichen Diskussion im ersten Kapitel über gute und schlechte Entscheidungen sprechen wir lieber von nützlich vs. gefährlich.

**Welche Schlussfolgerungen können wir ziehen?**

Eine erste Erkenntnis aus den obigen Ausführungen zu den beiden Phasen der Intuition ist, dass Bauchentscheidungen eigentlich nicht primär Gefühlsentscheidungen sind, auch wenn dies durch den Begriff Bauchgefühl suggeriert wird. Es sind vielmehr Entscheidungen, die auf Assoziationen beruhen und somit gelernte Verknüpfungen im Gehirn abgreifen. Diese Verknüpfungen repräsentieren unser Erfahrungswissen.

BAUCHENTSCHEIDUNGEN HABEN DEN VORTEIL, DASS SIE ÜBER ASSOZIATIONEN THEORETISCH AUF DAS GESAMTE ERFAHRUNGSWISSEN ZURÜCKGREIFEN.

Leider ist jedoch nicht garantiert, dass aus dem großen Fundus des Erfahrungswissens auch wirklich die Ideen gezogen werden, die tatsächlich nützlich sind. Assoziationen können aufgrund der hohen Komplexität des menschlichen Gehirns und der Abhängigkeit von vielen äußeren Umständen nicht vorhersagbar verlaufen. Dies wurde beispielsweise im Brückenexperiment noch einmal deutlich gemacht. Mit etwas Pech kann also durch eine Assoziation genau die falsche Idee herauskommen.

## Wann hilft Intuition und wann schadet sie?

Zur Fragestellung, wann Intuition nützlich und wann gefährlich ist, möchten wir Sie mit einem weiteren Experiment vertraut machen, und zwar mit der Wason-Selection-Task.[9] Betrachten Sie dafür bitte folgende vier Karten in der Abbildung. Alle Karten zeigen auf der Vorderseite einen Buchstaben und auf der Rückseite eine Ziffer. Die beiden linken Karten sehen Sie also mit der Vorderseite, bei den beiden rechten Karten sehen Sie die Rückseite.

**„Wenn auf der Vorderseite ein A steht, steht auf der Rückseite eine 3."**

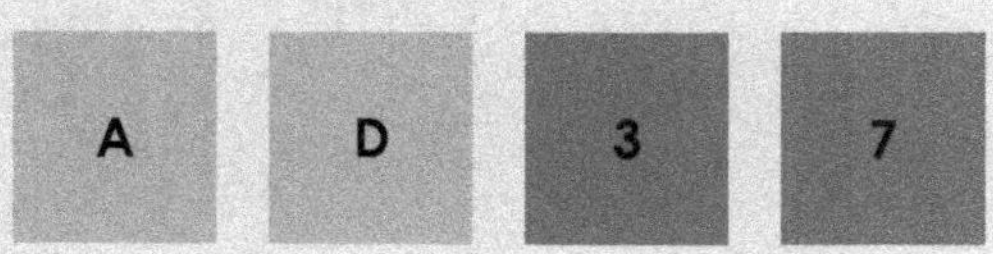


Abbildung 5: Erster Teil der Wason-Selection-Task

Ihre Aufgabe ist es zu überprüfen, ob die Aussage, die Sie über den Karten lesen können, stimmt: Ist diese Aussage logisch richtig, oder können Sie diese vielleicht widerlegen? Um dies herauszufinden, dürfen Sie jedoch nur zwei Karten umdrehen und schauen, was auf der anderen Seite steht. Welche beiden Karten würden Sie umdrehen? Überlegen Sie ruhig erstmal in Ruhe, ehe Sie weiterlesen.

Die Intuition führt die meisten Personen zur Einschätzung, dass die Karte mit dem A auf der Vorderseite und die Karte mit der 3 auf der Rückseite umzudrehen wären. Dies scheint naheliegend, weil ja schließlich eine logische Beziehung zwischen diesen beiden Zeichen untersucht werden soll. Dann müssen auch diese beiden Karten umgedreht werden, lässt uns die Intuition vermuten. Tatsächlich muss man A umdrehen, um zu überprüfen, ob wirklich eine 3 dahinter ist. Aber die zweite Karte muss die 7 sein, denn wenn auf der anderen Seite der 7 ein A steht, ist die Regel widerlegt. Dreht man hingegen die 3 um und ist dort ein anderer Buchstabe als A, ist dies völlig irrelevant. Die Regel kann trotzdem noch stimmen. Die Intuition leitet den Betrachter also zum Falschen, sie ist gefährlich.

Nun wiederholen wir das Spiel mit anderen Karten. Auf der Vorderseite steht immer ein Getränk und auf der Rückseite ein Alter.

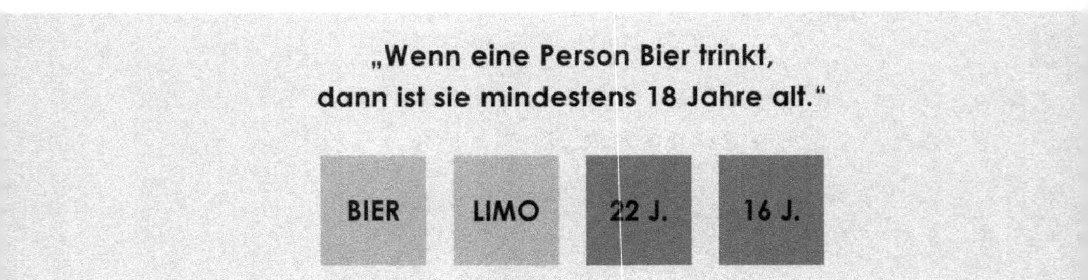


Abbildung 6: Zweiter Teil der Wason-Selection-Task

Welche beiden Karten würden Sie in diesem Beispiel nun umdrehen, um zu überprüfen, ob dem Jugendschutz Rechnung getragen wird? Auch hier können Sie sich ruhig Zeit lassen.

Auch wenn wir Sie vermutlich jetzt etwas verunsichert haben und Sie deshalb etwas gezögert haben, werden Sie vermutlich Bier und 16 J. gewählt haben. Sie müssen jetzt nicht zu stolz sein, denn dies macht eigentlich jeder richtig. Es ist ja auch irgendwie logisch, diese beiden

Karten zu nehmen. Die Intuition führte Sie hier also zur richtigen Lösung, sie war nützlich.

Mit diesem Beispiel kann sehr schön verdeutlicht werden, dass das blinde Verlassen auf die richtige Assoziation bei Bauchentscheidungen ein Vabanquespiel ist. Es kann nützlich sein, aber in gleicher Weise auch gefährlich. Und man sieht es – zumindest in diesem Beispiel – der Fragestellung nicht an, welcher Fall gegeben ist.

**OB EINE ASSOZIATION EHER NÜTZLICH ODER GEFÄHRLICH IST, LÄSST SICH AN DER ENTSCHEIDUNGSSITUATION MEIST NUR SCHWER ERKENNEN.**

Während also Assoziationen sowohl nützlich als auch gefährlich für die Qualität der Entscheidung sein können, stellen Heuristiken zumindest im Hinblick auf die erreichbare Qualität ausschließlich eine Gefahrenquelle dar. Dies liegt in der Natur der Sache, schließlich sind es nur Faustregeln und vernachlässigen einen Teil der verfügbaren Informationen. Ihr einziger Vorteil ist, dass sie Ressourcen sparen. Allerdings wurden Heuristiken in über 50 Jahren der Entscheidungstheorie umfangreich erforscht, sodass die Auswirkungen ihrer Verzerrungen für verschiedene Situationen recht genau beschrieben werden können. Ein einfaches Beispiel hatten wir Ihnen eben schon bei der Verfügbarkeitsheuristik geliefert: Immer dann, wenn es eine auffällige und lebendige Berichterstattung gibt, läuft man Gefahr, deshalb zu einer verzerrten Einschätzung zu gelangen. Wer dieses weiß, erkennt die Gefahr und kann den Einfluss der Verzerrung mindern und im besten Fall gänzlich kompensieren.

**DIE GEFAHR VON VERZERRUNGEN DURCH HEURISTIKEN IN EINER VORLIEGENDEN ENTSCHEIDUNGSSITUATION IST GUT ERFORSCHT UND SOMIT GRUNDSÄTZLICH ERFASSBAR.**

Als Fazit kann festgehalten werden, dass der große Vorteil einer Bauchentscheidung neben dem geringen Aufwand insbesondere darin liegt, dass grundsätzlich das gesamte Erfahrungswissen in die Entscheidung einfließen kann. Aufgrund verschiedener Einflüsse auf die Assoziationsprozesse ist dieser Nutzen aber nicht immer garantiert. Zudem unterliegen Bauchentscheidungen bestimmten vorhersehbaren Verzerrungen, die aus den angewendeten Heuristiken folgen.

Es ist also sinnvoll, bei einer reflektierten Entscheidung die Intuition zwar durchaus zu berücksichtigen, jedoch nicht ohne eine bewusste Kontrolle der damit einhergehenden Gefahren. Bevor wir in Kapitel 4 zeigen können, wie eine solche Kontrolle aussehen kann, schauen wir uns im nächsten Kapitel erst einmal ein rein analytisches Vorgehen im Entscheidungsprozess an.

**Was Sie in diesem Kapitel gelernt haben:**

- Intuitive Entscheidungen laufen in zwei Phasen ab: Assoziation (Phase 1) und Anwendung von Heuristiken (Phase 2).
- Durch Assoziationen wird unbewusst auf das komplette Erfahrungswissen zurückgegriffen.
- Assoziative Prozesse sind allerdings nur bedingt kontrollierbar und somit fehleranfällig.
- Heuristiken sind Faustregeln, die der Mensch unbewusst anwendet.
- Die Anwendung von Heuristiken kann zu Verzerrungen bei Einschätzungen führen.
- Die Situationen, in denen Heuristiken zu Verzerrungen führen, können vergleichsweise gut kontrolliert werden.

# 3

# EIN ANALYTISCHER ENTSCHEIDUNGSPROZESS

Intuition ist mit allen Chancen und Risiken, wie sie gerade vorgestellt wurden, nur ein Teil des Fundaments, auf dem eine Entscheidung aufbauen kann. Manchen Personen liegt dies besonders gut, sie glauben, sich stets gut auf das eigene Bauchgefühl verlassen zu können. Andere verlassen sich eher auf ihren Verstand, sie wenden ein analytisches Vorgehen an. Hierbei werden Vor- und Nachteile der Handlungsoptionen benannt und gegeneinander abgewogen. Vielleicht wird ein Blatt Papier genommen und mit Pro- und Kontra-Listen ausgezählt, welche Option besser abschneidet. Oder man geht sehr aufwendig an die Fragestellung heran, besorgt sich Informationen und Fakten über die Handlungsoptionen und führt am Ende alle Daten in einer übersichtlichen Form und vielleicht sogar in einer sehr anspruchsvollen entscheidungstheoretischen Methodik zusammen. In jedem Fall wird strukturiert vorgegangen, indem das Problem eben nicht ganzheitlich, sondern in verschiedenen Teilschritten bearbeitet wird. Hierbei folgt der Entscheider bewusst diesen Schritten und kontrolliert den gesamten Entscheidungsweg.

**BEI EINEM ANALYTISCHEN VORGEHEN WIRD DER ENTSCHEIDUNGSPROZESS IN VERSCHIEDENEN TEILSCHRITTEN KONTROLLIERT DURCHGEFÜHRT.**

Bei einem Blick in die Lehrbücher zur Entscheidungstheorie findet man eine Reihe von Vorschlägen, welche Schritte auf einem solchen analytischen Entscheidungsweg zu gehen sind. Zwar gibt es ein paar feine Unterschiede in der genauen Bezeichnung der Schritte und auch in der resultierenden Anzahl, jedoch dreht es sich im Wesentlichen um die fünf Schritte, die Abbildung 7 zeigt.

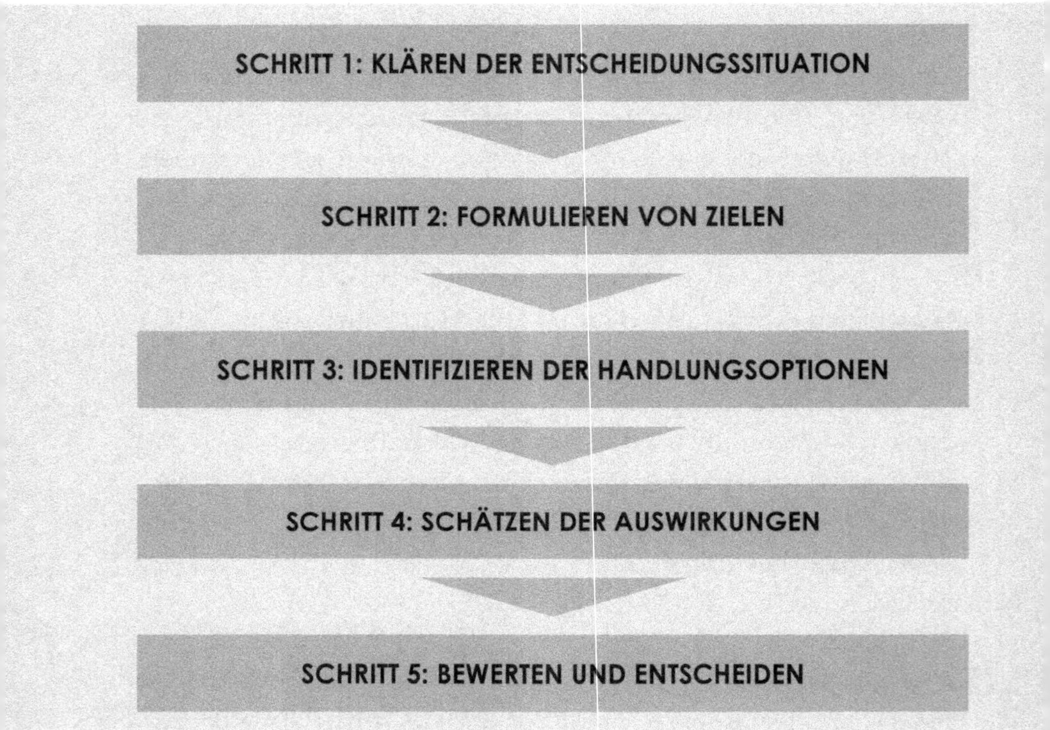


Abbildung 7: Die fünf Teilschritte einer Kopfentscheidung

Machen wir uns einmal deutlich, was sich hinter diesen fünf Schritten genau verbirgt.

## Klären der Entscheidungssituation

Der erste Schritt besteht darin, die vorliegende Situation erst einmal als Entscheidungssituation klar zu erkennen und eine entsprechende Frage auszuformulieren. Dies hört sich vielleicht etwas banal an, wenn Sie an scheinbar klar strukturierte Entscheidungsprobleme denken: Soll ich die braunen oder schwarzen Schuhe kaufen? Welches Urlaubsziel wählen wir im nächsten Sommerurlaub? Oder: Welchen Saugroboter soll ich kaufen?

Aber selbst bei solchen Fragen ist allein schon deshalb die genaue Ausformulierung ein wichtiger Schritt, da hierüber die Menge der möglichen Handlungsoptionen grob eingegrenzt wird. Ein mögliches Paar roter Schuhe würde überhaupt nicht betrachtet, wenn die Frage lautet „braunes oder schwarzes Paar kaufen". Auch die Option gar nichts zu kaufen würde nicht zur Diskussion stehen. Bei einer inhaltlich engen Formulierung gibt es also in der Regel nur wenige Handlungsoptionen, die in Betracht gezogen werden.

Anders ist dies bei einer breiten Formulierung, die mit einer Vergrößerung der Menge aller in Betracht gezogenen Handlungsoptionen einhergeht. Anstelle der engen Frage, welches Urlaubsziel gewählt werden soll, könnte die breite Fragestellung dann beispielsweise lauten: „Wie verbringen wir in diesem Jahr unsere Sommerferien?" In diesem Fall wäre es nämlich auch eine weitere Option, die Wohnung zu renovieren oder vielleicht eine Bildungsreise zu machen. Oder einfach auch nur ganz faul zu Hause zu bleiben und auszuspannen. Auch der bereits angesprochene Flugkapitän Sullenberger wählte eine breite Entscheidungsfrage. Der ihn unterstützende Fluglotse versuchte einzig die Frage zu beantworten, welchen Flughafen die Maschine ansteuern könnte. Sullenberger begrenzte seine Überlegungen eben nicht nur auf Flughäfen.

**DIE ENTSCHEIDUNGSFRAGE STECKT DEN RAHMEN DER ENTSCHEIDUNG AB UND KANN DURCH EINE BREITE FORMULIERUNG WEITEREN SPIELRAUM ERÖFFNEN.**

Mit der genauen Fragestellung werden also die Leitplanken für den folgenden Prozess gesetzt. Wenn die Bedeutung der Entscheidung nicht groß ist oder wenn man gerade nicht so viel Zeit oder Lust auf eine Entscheidungsanalyse hat, stellt man die Entscheidungsfrage möglicherweise sehr eng. Wer bereit ist, mehr Zeit zu investieren und zu reflektieren, kann aber auch eine breite Entscheidungsfrage definieren. Man muss sich aber festlegen. Ohne eine genaue Entscheidungsfrage kommt man zu leicht vom Weg ab.

### Formulieren von Zielen

Im zweiten Schritt muss überlegt werden, was in der Entscheidungssituation eigentlich wichtig ist, d. h. welche Ziele mit der Entscheidung verfolgt werden bzw. woran der Erfolg der Entscheidung eigentlich gemessen werden soll. Wie lässt sich dies in geeigneten Formulierungen von Zielen zum Ausdruck bringen, ohne einen wichtigen Aspekt auszulassen?

Eine Institution, die uns Verbraucher bei vielen Entscheidungen auf einem analytischen Weg unterstützt, ist die Stiftung Warentest. Hier wird für jeden Test genau festgelegt, auf was sich die Beurteilung der getesteten Konsumgüter bezieht. Für das Beispiel des Saugroboters hatte das Testinstitut beispielsweise jüngst folgende Zielkategorien formuliert:

- Reinigen: Wie gut reinigt das Gerät Teppichböden und Hartböden?
- Wie gut kann das Gerät die ganze Fläche abdecken und möglichen Hindernissen ausweichen?
- Handhabung: Wie einfach ist die gesamte Handhabung?
- Umwelteigenschaften: Hier wurden noch weitere Aspekte wie Geräuschbelastung, Staubrückhaltevermögen und Stromverbrauch zusammengefasst.

Für ein korrektes analytisches Vorgehen ist es dabei wichtig, alle für den Entscheider relevanten Ziele auch klar zu benennen. Um eine Kaufentscheidung zu treffen, fehlt in der Auflistung sicherlich noch ein fünftes Ziel, und zwar der „möglichst niedrige Preis". Sinnvoll wäre darüber hinaus vielleicht auch noch das Ziel „möglichst schönes Design", wenn dies auch noch mit in die Entscheidung einfließen soll. Sind alle aus persönlicher Sicht wichtigen Ziele identifiziert, wäre der zweite Schritt aus der analytischen Vorgehensweise abgeschlossen.

**ZIELE BESCHREIBEN, ANHAND WELCHER DIMENSIONEN DER ERFOLG DER ENTSCHEIDUNG GEMESSEN WERDEN KANN.**

Auch bei komplexeren Entscheidungen sieht ein analytisches Vorgehen das exakte Formulieren von Zielen vor. Dies ist – wie sich zeigen wird – in einer reflektierten Entscheidung nicht immer eine so leichte Aufgabe wie bei den Saugrobotern. Das liegt zum einen daran, dass Ziele auch in einer analytischen Vorgehensweise subjektiv sind. Was dem einen wichtig ist, mag für den anderen völlig ohne Bedeutung sein. Zum anderen müssen die Ziele auch die wirklich relevanten Bewertungsdimensionen beschreiben und nicht ein Mittel zum Zweck darstellen. Dies alles gilt es bei der Formulierung eines Zielsystems genau herauszufinden.

### Identifizieren der Handlungsoptionen

Im dritten Schritt muss geklärt werden, was die möglichen Handlungsoptionen des Entscheiders sind. Diese Handlungsoptionen sind nichts anderes als die möglichen Entscheidungen, die er treffen kann. Sie stellen genau das dar, was der Entscheider selber in der Hand hat.

Für das Beispiel der Saugroboter muss lediglich geschaut werden, welche Geräte auf dem Markt sind, um die Handlungs- bzw. hier Kaufoptionen vollständig zu beschreiben. Bei komplexeren Entscheidungen ist es jedoch nicht mehr ganz so offensichtlich, welche Möglichkeiten dem Entscheider offenstehen. Zu einer analytischen Entscheidung gehört es aber dazu, alle Möglichkeiten aufzuführen und nichts zu übersehen. Dass es so wichtig ist, bei der Auflistung aller Handlungsoptionen auch wirklich keine zu vergessen, erkennt man daran, dass eine Entscheidung rein logisch betrachtet immer nur so gut sein kann wie die beste der in Betracht gezogenen Handlungsoptionen. Die Entscheidung kann zwar schlechter sein, wenn man – aus was für Gründen auch immer – nicht die beste Option wählt. Aber sie kann nie besser sein.

EINE ENTSCHEIDUNG KANN NIE BESSER SEIN ALS DIE BESTE DER IN BETRACHT GEZOGENEN HANDLUNGSOPTIONEN.

Bei gut reflektierten Entscheidungen mit einer eher breit formulierten Entscheidungsfrage ergeben sich dabei auch schon mal neue Ideen, wie es Kapitän Sullenberger bewiesen hatte. So hatte er seine beiden Handlungsoptionen „Zurückkehren zum Flughafen LaGuardia" und „Notlandung am Flughafen Teterboro in New Jersey" noch schnell um die dritte Handlungsoption „Landung auf dem Hudson River" erweitert.

### Schätzen der Auswirkungen

Nach diesen ersten drei Schritten ist die Entscheidungssituation zumindest schon einmal gut strukturiert. Es ist nun möglich, eine sogenannte *Ergebnismatrix* aufzuzeichnen.

| | ZIEL 1 | ZIEL 2 | ZIEL 3 | ZIEL 4 | ZIEL 5 |
|---|---|---|---|---|---|
| OPTION1 | | | | | |
| OPTION 2 | | | | | |
| OPTION 3 | | | | | |
| OPTION 4 | | | | | |

Abbildung 8: Leere Ergebnismatrix zu Beginn des vierten Schrittes

Jede Zeile der Matrix steht für eine Handlungsoption, wobei in den Spalten alle definierten Ziele aufgeführt sind. Zu Beginn des vierten Schrittes ist diese Ergebnismatrix jedoch noch leer. Aufgabe des vierten Schrittes ist es deshalb, durch Angabe der Auswirkungen aller Optionen in den Zielen das sogenannte *Wirkungsmodell* aufzustellen, d.h. in jedes Feld der Ergebnismatrix ein entsprechendes Ergebnis für das Ziel einzutragen.

Entweder liegen diesbezüglich schon Informationen vor, beispielsweise wie der Preis der Saugroboter. Oder es müssen noch Informationen besorgt und Recherchen angestellt werden, um eine fundierte Angabe tätigen zu können. In manchen Fällen gibt es jedoch keine objektiven Informationen oder Studienergebnisse und es müssen subjektive Einschätzungen gegeben werden. Das Design des Saugroboters könnte beispielsweise ein solches Ziel sein, in dem eine sehr persönliche Schätzung eingetragen werden kann.

Um entsprechende Zielausprägungen überhaupt eintragen zu können, muss man sich zusätzlich Gedanken über Messskalen machen. Der Preis oder andere monetäre Ziele können natürlich immer gut auf einer€-Skala gemessen werden, dies versteht sich von selbst. Aber wie ist das mit den anderen Zielen, d.h. im Saugroboter-Beispiel Reinigen, Navigation, Design etc.? Im Grunde ist man da frei in der Auswahl, die Skala muss lediglich transparent und gut verständlich sein. Es muss auch keine numerische Skala sein, vielmehr ist es möglich, die Ergebnisse sehr kurz mit ein paar Worten zu beschreiben. Wichtig ist nur, dass es übersichtlich und transparent bleibt.

Die Stiftung Warentest verwendet in ihren Tests stets Schulnotenskalen, die sie mit den Zeichen --, -, o, + und ++ veranschaulicht. In diesem Fall sieht dann eine ausgefüllte Matrix beispielsweise wie folgt aus:

| | ZIEL 1 | ZIEL 2 | ZIEL 3 | ZIEL 4 | ZIEL 5 |
|---|---|---|---|---|---|
| OPTION1 | -- | + | - | ++ | - |
| OPTION 2 | + | O | + | O | ++ |
| OPTION 3 | ++ | - | + | ++ | + |
| OPTION 4 | - | + | O | - | ++ |

Abbildung 9: Ausgefüllte Ergebnismatrix mit einfacher Messskala

Mit einer solchen Ergebnismatrix ist die Entscheidungssituation deutlich klarer geworden als noch zu Beginn des Prozesses. Sie sehen die Vor- und Nachteile aller Optionen übersichtlich gegenübergestellt und haben jetzt schon möglicherweise eine Ahnung, welche die beste Entscheidung für Sie sein dürfte.

EINE ERGEBNISMATRIX BIETET EINE GUTE ÜBERSICHT ÜBER ALLE AUSWIRKUNGEN DER HANDLUNGSOPTIONEN IN DEN FORMULIERTEN ZIELEN.

### Der Umgang mit unsicheren Schätzungen

Problematisch wird die Verwendung einer Ergebnismatrix in Entscheidungssituationen mit einer hohen Unsicherheit. So war es beispielsweise bei Air Berlin im Rahmen der getroffenen Kerosin-Preisabsicherung unsicher, wie sich der Ölpreis weiterentwickeln wird. Oder für Kapitän Sullenberger war es sehr unsicher, ob eine Landung auf dem Hudson River funktionieren würde oder nicht.

In solchen Fällen verlangt ein analytisches Vorgehen, dass auch diese Unsicherheit im Entscheidungsmodell berücksichtigt wird. Da sich die Unsicherheit meist nur auf wenige Felder in der Ergebnismatrix bezieht, bietet es sich an, nur diese Felder gesondert zu betrachten und mit einem Unsicherheitsfaktor zu erweitern. Betrachten wir beispielsweise einen Ausschnitt der Ergebnismatrix für Herrn Sullenberger nur für das

Feld der Handlungsoption „Landungsversuch auf dem Hudson River" mit dem Ziel „Möglichst hohe Anzahl an Überlebenden", so könnte dies im einfachsten Fall folgendermaßen aussehen:

| | **UNSICHERHEITSFAKTOR: KLAPPT DIE LANDUNG?** | |
|---|---|---|
| | **LANDUNG KLAPPT** | **LANDUNG KLAPPT NICHT** |
| **LANDUNGSVERSUCH AUF HUDSON RIVER** | **ALLE 155 ÜBERLEBEN** | **KEINER ÜBERLEBT** |

Abbildung 10: Berücksichtigung von Unsicherheit

Welche der beiden Entwicklungen „Landung klappt" oder „Landung klappt nicht" eintritt, ist etwas, was unter die Kategorie Schicksal fällt, d. h. entweder Glück oder Pech. Die Auswahl von Handlungsoptionen steht in der Macht des Entscheiders, wie sich ein Unsicherheitsfaktor entwickelt hingegen nicht. Das ist der wesentliche Unterschied, und es ist wichtig, dies in der Modellierung zu verstehen.

Herausfordernd bei der Modellierung von Unsicherheiten ist es, wenn zur konkreteren Beschreibung der Situation auch noch Wahrscheinlichkeiten anzugeben sind. In den meisten Fällen wird man dann versuchen, Wahrscheinlichkeiten zu recherchieren oder aus vergangenen Ereignissen abzuleiten. Dabei schätzt man beispielsweise ab, wie häufig eine bestimmte Situation in der Vergangenheit eingetreten ist und nimmt auch diesen Anteil für die Zukunft an. Gerade bei vielen wichtigen, neuartigen Entscheidungssituationen wird es aber keine Vergangenheitswerte geben, an denen man sich orientieren kann. Und wenn man dann gerade keinen Experten dafür zu Rate ziehen kann, der einem seine Einschätzung mitteilt, bleibt einem nichts Anderes übrig, als sich selbst an einer Einschätzung zu versuchen. Dabei beruft man sich auf sein Erfahrungswissen und verlässt sich auf die eigene Intuition, wie es auch Kapitän Sullenberger getan hat. Er hatte damals in den besagten drei Minuten und 28 Sekunden zwischen Vogelschlag und Landung sicherlich keine Zeit und Ruhe, genaue Berechnungen vorzunehmen oder Experten zu befragen.

Im Falle von Air Berlin hatte das Management hingegen mehr Zeit und konnte deshalb auf einem analytischen Weg eine Entscheidung vorbereiten. Das heißt, hier war es möglich, beispielsweise aus einer Analyse vergangener Schwankungen des Ölpreises Wahrscheinlichkeiten für die zukünftige Ölpreisentwicklung abzuleiten. Wir wissen nicht, welche Annahmen genau getroffen wurden, aber möglicherweise war es in etwa folgende Schätzung, die damals vom Entscheidungsgremium gegeben wurde:

| | UNSICHERHEITSFAKTOR: ENTWICKLUNG DES ÖLPREISES? | | |
|---|---|---|---|
| | ÖLPREIS FÄLLT (10 %) | ÖLPREIS STAGNIERT (30 %) | ÖLPREIS STEIGT (60 %) |
| KEROSIN-PREIS-HEDGING | VERLUST | KEIN EFFEKT | GEWINN |

Abbildung 11: Berücksichtigung von Unsicherheit mit Wahrscheinlichkeiten

Man könnte also davon ausgegangen sein, dass nur mit einer geringen Wahrscheinlichkeit von z. B. 10 % der Fall eintritt, dass der Ölpreis noch weiter fällt. Des Weiteren zeigen die 60 % ein großes Vertrauen in eine Erholung des Ölpreises, die dann mit dem erhofften Gewinn für das Unternehmen einhergegangen wäre. Dass dann doch die als unwahrscheinlich eingeschätzte Entwicklung eingetreten ist, ist bekannt.

AUCH UNSICHERE ERGEBNISSE KÖNNEN ZUSAMMEN MIT ENTSPRECHENDEN WAHRSCHEINLICHKEITEN IN EINER ERGEBNISMATRIX BERÜCKSICHTIGT WERDEN.

Insgesamt wird in diesem vierten Schritt deutlich, dass nur bei einer vergleichsweise geringen Komplexität, wie z. B. bei der Auswahl eines Saugroboters, das Vorgehen mit Bleistift und Papier gut bewältigt werden kann. Je komplexer das Modell insbesondere durch Berücksichtigung von Unsicherheiten wird, desto mehr wird es von Vorteil sein, sich von entsprechenden Softwaretools unterstützen zu lassen. Das von uns entwickelte und im Internet frei verfügbare Trainings- und Entscheidungstool ENTSCHEIDUNGSNAVI bietet sich hier natürlich an.

## Bewerten und Entscheiden

Im letzten der fünf Schritte eines analytischen Vorgehens ist auf der Basis der ausgefüllten Ergebnismatrix eine Entscheidung für die beste Handlungsoption herbeizuführen. Hierzu müssen die Ergebnisse in den verschiedenen Zielen bewertet und zu einer Gesamtbewertung über alle Ziele zusammengefasst werden. Aber wie kann das funktionieren, wenn verschiedene Ziele auf unterschiedlichen Skalen gemessen werden? Also beispielsweise der Preis eines Saugroboters auf einer €-Skala und die übrigen Ziele wie Reinigen, Navigation, Handhabung etc. auf einer Notenskala? Und wie geht man mit der unterschiedlichen Bedeutung der Ziele um?

**DIE ENTSCHEIDUNGSTHEORIE BIETET VERSCHIEDENE MODELLE, MIT DENEN DIE VORTEILHAFTIGKEIT ALLER HANDLUNGSOPTIONEN VERGLICHEN WERDEN KANN.**

Die Entscheidungstheorie hat hierfür verschiedene Modelle entwickelt, die diesbezüglich zum Einsatz kommen können.

Einfache Vorgehensweisen verzichten gänzlich auf Mathematik und empfehlen eine Bewertung der Handlungsoptionen, wie man es auch in einer Pro- und Kontra-Liste machen würde. So ist anhand der Ergebnismatrix gut zu erkennen, welche Vor- und Nachteile die Handlungsoptionen im Vergleich zu den anderen aufweisen. Sie haben also mit der Ergebnismatrix für jede Handlungsoption alle Pros und Kontras sehr fundiert hergeleitet und zugleich übersichtlich präsentiert. Um zu einer Entscheidung zu gelangen, müssen Sie jetzt nur noch abwägen. Hierbei verzichten Sie gänzlich darauf, Ihre Überlegungen durch Zahlen und Rechnungen zu untermauern.

In vielen Fällen wird diese Vorgehensweise auch völlig ausreichen. Für dieses Buch wollen wir aber zumindest den mathematisch Interessierten noch mehr anbieten und Ihnen die *multiattributive Nutzentheorie* oder kurz *MAUT* (aus dem Englischen für *multi-attribute utility theory*) nahelegen. Die MAUT zeichnet sich nicht nur durch ihre wissenschaftliche Fundierung aus. Ein großer Vorteil dieses Ansatzes liegt eben auch darin, dass die Herleitung der optimalen Entscheidung Schritt für Schritt sehr nachvollziehbar ist. Die Idee der MAUT besteht konkret darin, dass alle Ergebnisschätzungen aus der Ergebnismatrix zunächst auf eine einheitliche Messskala überführt werden. Dazu werden alle Ergebnisschätzungen auf eine sogenannte „Nutzenskala" übertragen, die abstrakt den „Nutzen" der Option in einem Ziel zwischen 0 und 1 angibt. Mit dieser einheitlichen Skala werden die Nutzenwerte anschließend mit Zielgewichten multipliziert. Zielgewichte bewerten dabei, wie stark Unterschiede in den Zielen die Gesamtbewertung der Optionen beeinflussen sollen. Je wichtiger ein Ziel ist, desto größer sollte auch das Zielgewicht werden. Alle Zielgewichte müssen sich dabei aber immer zu 100 % aufaddieren. Die Gesamtbewertung einer Handlungsoption ergibt sich dann aus der Summe der gewichteten Nutzenbewertungen in den Zielen. Abbildung 12 veranschaulicht das Vorgehen exemplarisch am Beispiel der Bewertung eines Saugroboters, der auf der Basis von fünf Zielen bewertet wird. Die Prozentzahlen im mittleren Kuchendiagramm stellen die Zielgewichte dar, und in den ausgeschnittenen Kuchenstücken sind die dunklen Bereiche die Nutzenwerte pro Ziel. Die resultierende Gesamtbewertung ist unten angegeben.

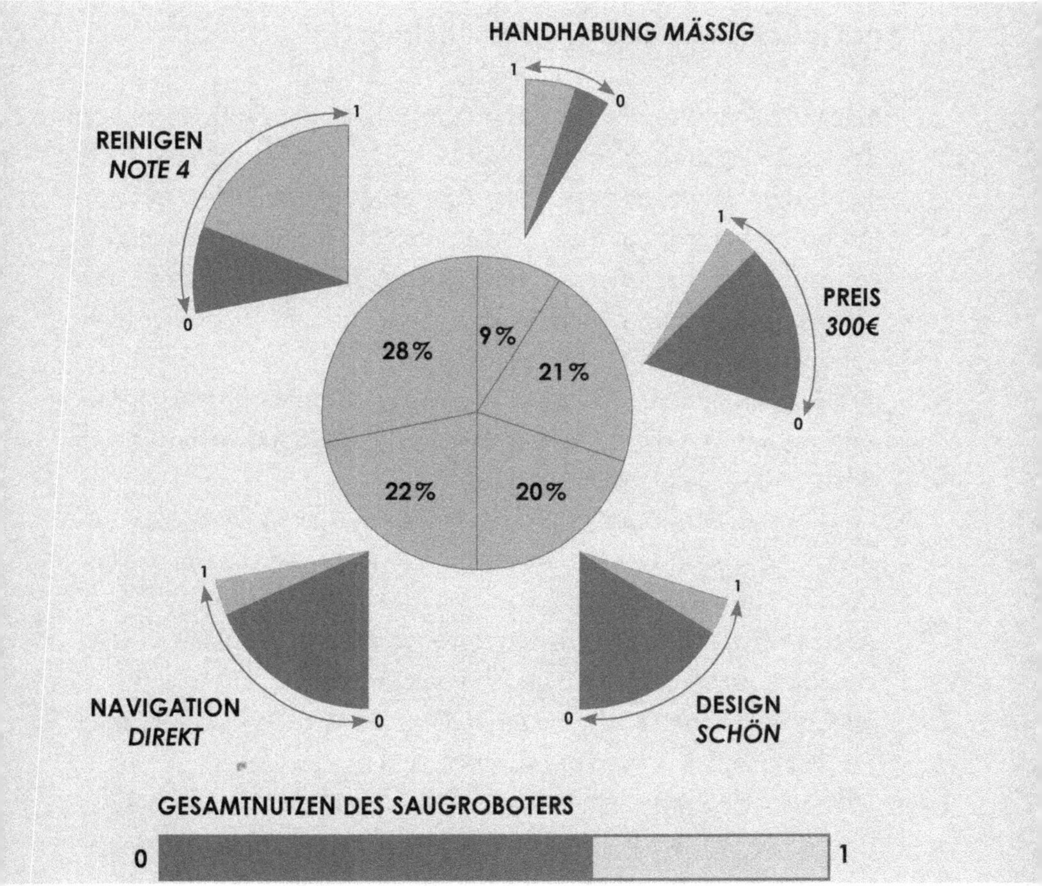


Abbildung 12: Beispielhafte MAUT-Bewertung eines Saugroboters

Hat man auf diese Weise jede Option bewertet und ihren Gesamtnutzenwert bestimmt, ist die Auswahl relativ einfach. Man entscheidet sich schlicht für die Option mit dem höchsten Gesamtnutzenwert.

**Was Sie in diesem Kapitel gelernt haben:**

- Der erste Schritt einer analytischen Entscheidung besteht darin, eine Entscheidungsfrage zu formulieren.
- Der zweite Schritt besteht in der Formulierung von Zielen, die zum Ausdruck bringen, was man mit der Entscheidung erreichen möchte.
- Im dritten Schritt sind alle Handlungsoptionen aufzuführen. Die Handlungsoptionen stellen letztlich die insgesamt möglichen Entscheidungen dar.
- Am Ende des dritten Schrittes kann eine leere Ergebnismatrix aufgezeichnet werden, die in den Zeilen die Handlungsoptionen und in den Spalten die Ziele enthält.
- Im vierten Schritt muss die Ergebnismatrix ausgefüllt werden, d. h. es muss angegeben werden, zu welchen Ergebnissen die Handlungsoptionen in den Zielen führen.
- Auch Unsicherheiten können in der Ergebnismatrix modelliert werden, dadurch wird das Modell aber komplexer.
- Im fünften Schritt erfolgt die Abwägung der Vor- und Nachteile der Handlungsoptionen und die Auswahl einer besten Option.
- Die multiattributive Nutzentheorie (MAUT) ist ein wissenschaftlich fundiertes, aber auch anspruchsvolles Verfahren, um Nutzenbewertungen von Handlungsoptionen berechnen zu können.

# 4

# WIE KOPF UND BAUCH GUT ZUSAMMENARBEITEN KÖNNEN

In den letzten beiden Kapiteln wurden zwei gänzlich unterschiedliche Entscheidungswege vorgestellt, der intuitive und der analytische Weg. Der intuitive Weg hat den großen Vorteil, schnell zu sein und Sie auch in komplexen Entscheidungssituationen nicht mit Überlegungen zu belasten. Zudem greift die Intuition auf das gesamte Erfahrungswissen zurück, was für die Entscheidungsqualität von hohem Nutzen sein kann. Die Vorteile des analytischen Prozesses sind insbesondere darin zu sehen, dass es sich um einen klar strukturierten und kontrollierten Prozess handelt, in dem alle Facetten beleuchtet werden. Zugleich wird durch Vermeidung typischer Entscheidungsfehler die Objektivität und Nachvollziehbarkeit gefördert.

Um eine bestmögliche Entscheidungsqualität zu erreichen, liegt es nahe, nach Möglichkeiten zu suchen, wie sich die Vorteile der beiden Wege am besten verbinden lassen. Dies entspricht genau unserem Verständnis einer reflektierten Entscheidung.

REFLEKTIERTES ENTSCHEIDEN VERBINDET DIE VORTEILE EINES INTUITIVEN UND ANALYTISCHEN ENTSCHEIDUNGSWEGES.

Damit es kein wildes Hin- und Herwechseln zwischen dem analytischen und intuitiven Entscheidungsweg gibt, muss ein solch kombiniertes Vorgehen koordiniert werden. Da die Intuition eine solche bewusste Koordination naturgemäß nicht leisten kann, muss diese zwangsläufig im analytischen Weg stattfinden. Reflektiertes Entscheiden ist also vom Grundsatz und vom Ablauf ein analytisches Vorgehen. Dies bedeutet, dass die fünf Schritte des analytischen Vorgehens genau die Streckenabschnitte auf dem gemeinsamen Entscheidungsweg eines reflektierten Entscheidens darstellen.

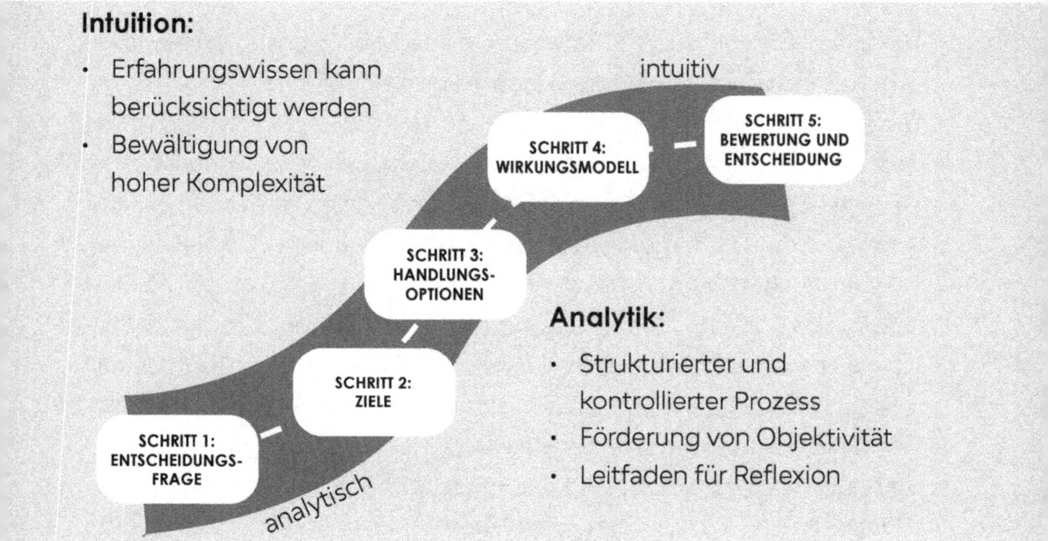


Abbildung 13: Reflektiertes Entscheiden – analytisch kontrolliert

Um eine hohe Entscheidungsqualität zu erreichen, müssen also letztlich zwei Voraussetzungen erfüllt sein. Zum einen sollte ein bestimmtes Mindestmaß an Erfahrungswissen vorliegen. Ist dies nämlich nicht der Fall, nützt die Intuition nicht viel. Zum anderen muss Entscheidungskompetenz vorliegen, d. h., der Entscheider muss erstens den analytischen Weg mit allen dazugehörigen Methoden beherrschen. Zweitens muss er die Fähigkeit besitzen, an den passenden Stellen über die Intuition das Erfahrungswissen zu berücksichtigen und hierbei auch noch die typischen Fehler der Intuition zu vermeiden. Wie eine Einbindung des Erfahrungswissens in den einzelnen fünf Schritten sinnvoll gestaltet werden kann, wollen wir in diesem Kapitel an einigen Beispielen verdeutlichen.

## SCHRITT 1: DER INSTINKT KANN ALLES ERSETZEN

Als erstes möchten wir ein Beispiel dafür liefern, dass Erfahrungswissen nicht nur den ersten Schritt, sondern eigentlich den gesamten Entscheidungsprozess überflüssig machen kann und dies sogar im besonderen

Fall auch sinnvoll ist. Wir beziehen uns hierbei auf unser angeborenes Erfahrungswissen, den Instinkt. Jeder Mensch kommt nämlich schon mit einem gewissen Satz an Erfahrungswissen auf die Welt. Es ist das Wissen, was sich die Vorfahren über die Zeit erworben haben, um überleben zu können. Epigenetische Faktoren sorgen im Verlauf der Evolution dafür, dass bestimmte erlernte Verhaltensmuster als Instinkt an die Nachfahren weitergegeben werden. Relevant ist der Instinkt in allen Situationen, die für das persönliche Überleben und das Überleben der Familie von Bedeutung sind. Betrachten Sie z. B. einmal die Situation, dass Sie mit Ihrem kleinen Kind an der Hand einen Spaziergang machen. Plötzlich kommt ein bissiger Hund, der sich gerade von der Leine gerissen hat, schnurgerade und kläffend auf Sie zu. Sie könnten jetzt versuchen, Ihre Entscheidungsfrage analytisch auszuformulieren. Ihr Instinkt verkürzt aber nicht nur diesen Schritt 1, sondern gleich alle weiteren Schritte durch seine automatische Entscheidung, das Kind auf den Arm zu nehmen und zu schützen. In diesem besonderen Beispiel brauchen Sie noch nicht einmal Entscheidungskompetenz.

Um eine Unterstützung bei Ihren wichtigen Entscheidungen zu bekommen, die Sie möglicherweise bei der Lektüre dieses Buches im Hinterkopf haben, kann Ihnen der Instinkt allerdings nur wenig helfen. Hier sind Sie auf ein zusätzliches Erfahrungswissen angewiesen, was Sie sich im Laufe des Lebens angeeignet haben. In der Entscheidungsfrage, welches Auto Sie kaufen sollen, wären dies beispielsweise Ihr gesamtes Wissen rund um das Thema Autokauf, soweit es für die Entscheidung eine Bedeutung hat, und auch Ihre persönlichen Erfahrungen in diesem Kontext.

## SCHRITT 2: MIT MEHR REFLEXION ZU EINEM VOLLSTÄNDIGEN ZIELSYSTEM

Mit einem ausgeprägten Erfahrungswissen in einer Entscheidungssituation lassen sich meist relativ einfach einige Ziele benennen, die sich auf harte Fakten beziehen. Beim Kauf eines Gebrauchtwagens wären das beispielsweise Preis, Alter, Kilometerstand, Ausstattung etc. Für eine hohe Qualität der Entscheidung ist es jedoch wichtig, die Formulierung der Ziele, also den Schritt 2, sehr ernst zu nehmen und mit einem ausgesprochen hohen Maß an Reflexion zu durchlaufen. Entscheidungskompetenz steht in diesem Kontext dafür, neben den harten Fakten auch sehr genau auf seinen Bauch zu hören und auch „weiche" Faktoren als Bestandteile der eigenen Präferenz auszuformulieren.

Ausschließlich auf dem analytischen Weg hergeleitete Entscheidungsempfehlungen haben tatsächlich nicht selten eine beschränkte Qualität, weil schwierig zu messende Aspekte, wie z. B. bestimmte Gefühle, in der Analytik schlichtweg außen vor gelassen wurden. Dabei sind die meisten Menschen der Auffassung, bei ihren Entscheidungen auch Gefühle mitberücksichtigen zu wollen. In einer Befragung (Statista) von 2.500 Personen im Alter von 12 bis 25 Jahren gaben 80% an, dass es für sie eher wichtig ist, sich bei Entscheidungen auch von Gefühlen leiten zu lassen, nur 6 % empfanden die Gefühle für eher unwichtig. Zu einer reflektierten Vorgehensweise in der Zielformulierung gehört es deshalb dazu, seine Bauchgefühle wirklich ernst zu nehmen und zu versuchen, alle für die Bewertung relevanten Gefühle auch verstandesgemäß zu erfassen und in der Ergebnismatrix explizit mit aufzuführen.

**DURCH BEFRAGUNG DES BAUCHES LASSEN SICH IN EINEM REFLEKTIERTEN VORGEHEN AUCH WEICHE FAKTOREN HERAUSFINDEN, DIE ZU EINEM VOLLSTÄNDIGEN ZIELSYSTEM GEHÖREN.**

Veranschaulichen wir dies noch an einem Beispiel. Stellen Sie sich vor, Sie wollen einen gebrauchten PKW kaufen und haben für diese Entscheidung auch schon viele Ziele hergeleitet. Wenn Sie aber merken, dass die hergeleiteten Nutzenbewertungen nicht Ihrem Bauchgefühl entsprechen, so könnte es sein, dass Sie den weichen Faktor „möglichst hohe Fahrfreude" vergessen haben. So haben Sie sich bei der Probefahrt in einem PKW deutlich wohler gefühlt als in den anderen, aber hatten sich bisher (noch unreflektiert) nur auf die „harten Fakten" als Ziele beschränkt. In einer Gesamtbewertung gehört aber auch dieses Ziel als Bestandteil Ihres persönlichen Nutzens natürlich mit dazu. Vielleicht haben Sie auch mit einem Cabrio geliebäugelt und stellen sich bei der intuitiven Reflexion aller Optionen die Situation vor, dass es im nächsten Sommer häufig heiß sein wird und Sie es unglaublich bedauern würden, wenn Sie als Einziger aus Ihrem Freundeskreis Ihr Verdeck nicht öffnen können. Auch in einem solchen Fall könnte ein zusätzliches Ziel in der Formulierung „möglichst kurze oder gar keine Zeitperioden, in denen ich ein Bedauern meiner Entscheidung spüre" die Vollständigkeit des analytischen Modells und somit die Qualität der Entscheidung verbessern. Wenn sich, wie in diesem Beispiel, die Zielformulierungen auch einmal komplizierter gestalten, ist das zwar nicht sehr elegant, aber wesentlich wichtiger ist, dass Sie mit der Formulierung genau den richtigen Inhalt treffen.

## SCHRITT 3: MIT GUTEN ERFAHRUNGEN ZU ALTERNATIVEN IDEEN

Wenn Sie sich inhaltlich in dem Kontext der betrachteten Entscheidungsfrage gut auskennen und ein entsprechendes Erfahrungswissen vorliegt, kann Ihre Intuition sehr wertvoll sein. Denn durch assoziative Prozesse wird sehr umfänglich und facettenreich auf dieses Wissen zurückgegriffen. Dies geschieht ohne viel Aufwand und in einer Form, wie es in einer bewussten, auf einer Analytik basierenden Vorgehensweise möglicherweise nicht umzusetzen wäre. Oder haben Sie schon einmal versucht, Ihr gesamtes Erfahrungswissen (sei es auch nur auf eine eingegrenzte Thematik bezogen) sauber auszuformulieren, sodass es in einem Modell verwertbar wäre?

Das assoziative Abgreifen eines ausgeprägten Erfahrungswissens kann beispielsweise beim Identifizieren von Handlungsoptionen, d.h. Schritt 3, eine wertvolle Hilfe sein. Betrachten Sie zu diesem Zweck eine noch ganz frische Absolventin eines Medizinstudiums, welche die Inhalte vieler medizinischer Lehrbücher gut gelernt, aber es noch nicht mit vielen Patienten zu tun gehabt hat. Sie behandelt nun einen Patienten, dessen Krankheit nach dem Lehrbuch mit zwei Behandlungswegen anzugehen wäre. Leider verträgt dieser Patient beide Wege nicht, der jungen Ärztin fehlen also weitere Handlungsoptionen. In der gemeinsamen Besprechung mit der erfahrenen Oberärztin kann diese unmittelbar aus ihrem Erfahrungsschatz Ideen präsentieren, welche Alternativansätze in der Vergangenheit in ähnlichen Situationen schon einmal gut funktioniert haben. Das Erfahrungswissen der Oberärztin hat also die Menge der in Betracht gezogenen Handlungsoptionen vergrößert, und zwar ohne besondere analytische Klimmzüge.

IN EINEM REFLEKTIERTEN ENTSCHEIDUNGSPROZESS SOLLTE VORLIEGENDES ERFAHRUNGSWISSEN DAZU GENUTZT WERDEN, IDEEN FÜR ZUSÄTZLICHE HANDLUNGSOPTIONEN ABZULEITEN.

## SCHRITT 4: BESSERE SCHÄTZUNGEN IM WIRKUNGSMODELL

### Der hohe Nutzen des Erfahrungswissens

Umfangreiches Erfahrungswissen fördert jedoch nicht nur das Finden weiterer Handlungsoptionen, sondern ist in besonderem Maße auch dann wertvoll, wenn die Auswirkungen von Handlungsoptionen in Schritt 4, dem Wirkungsmodell, realistisch einzuschätzen sind. Als gutes Beispiel kann erneut Kapitän Sullenberger herangezogen werden. In der kurzen Zeit, die ihm für seine Entscheidung zur Verfügung stand, identifizierte er mit einer

Landung auf dem Hudson River nicht nur eine zusätzliche Handlungsoption, er schätzte auch intuitiv die Erfolgswahrscheinlichkeit für dieses Landemanöver höher ein als die Chance, noch auf einem anderen Flughafen unversehrt landen zu können. Nach seiner Aussage war es sein ganzes bisheriges Leben, das ihn zu diesem Verhalten geführt hat. Dass seine Entscheidung nicht nur eine glückliche war, bestätigte die anschließende Analyse durch die zuständige Flugverkehrsbehörde. So war im Abschlussbericht zu lesen: „The captain's decision to ditch on the Hudson River rather than attempting to land at an airport provided the highest probability that the accident would be survivable."

IN EINEM REFLEKTIERTEN ENTSCHEIDUNGSPROZESS SOLLTEN BEI VORLIEGENDEM ERFAHRUNGSWISSEN INTUITIVE WIRKUNGSEINSCHÄTZUNGEN IN JEDEM FALL MITBERÜCKSICHTIGT WERDEN.

### Mit Entscheidungskompetenz die Gefahren der Intuition reduzieren

Die letzten Ausführungen haben exemplarisch gezeigt, wie wertvoll die gezielte Berücksichtigung von Intuition für die Qualität einer Entscheidung sein kann. Mit unseren Ausführungen über die Funktionsweise der Intuition in Kapitel 2 hatten wir jedoch auch auf diverse Gefahren der Intuition hingewiesen, und zwar sowohl in der ersten Phase der Assoziationen als auch in der zweiten Phase der Heuristiken. Die dort dargestellten Verzerrungen bzw. Biases stellen insbesondere im Schritt 4 bei den Ergebnisschätzungen der Handlungsoptionen eine Gefahrenquelle dar. Deshalb muss ein Einbeziehen von Intuition auch stets mit Vorkehrungen verknüpft werden, mit denen mögliche Fehler auf ein Minimum reduziert werden können. Ansonsten könnten sich Vorteile der Integration intuitiver Komponenten in Nachteile für die Entscheidungsqualität verwandeln. Wissen über entsprechende Fehler und ein Erfahrungswissen im Hinblick auf Instrumente im Umgang mit diesen Fehlern sind aber ein wichtiger Bestandteil von Entscheidungskompetenz.

Bei den Assoziationen hatten wir beispielsweise dargestellt, dass zwar bei vorliegendem inhaltlichen Erfahrungswissen die initiierten Assoziationsketten durchaus wertvoll sein können, aber noch lange nicht müssen. Sie können auch in die falsche Richtung weisen bzw. zu Fehlinterpretationen von Sachverhalten führen. Das Brückenexperiment hatte dies eindrucksvoll am Beispiel fehlinterpretierter Emotionen verdeutlicht. Auch wenn es sicherlich im Einzelfall nicht immer einfach ist, wenig hilfreiche Assoziationen oder gar Fehlinterpretationen sicher zu entlarven, so sind entscheidungskompetente Personen mit einem grundlegenden Verständnis, wie Assoziationen entstehen, gut in der Lage, ihre eigenen Assoziationen kritisch zu reflektieren und die richtigen Schlussfolgerungen daraus zu ziehen.

DAS NACHVOLLZIEHEN UND DISTANZIERTE BETRACHTEN DER EIGENEN ASSOZIATIONEN SOLLTE TEIL EINES REFLEKTIERTEN ENTSCHEIDUNGSPROZESSES SEIN.

Wenn beispielsweise eine Grippewelle herrscht und in den Medien häufig über typische Symptome, wie grippebedingten Husten, gesprochen wird, dann sind auch die elektrischen Potenziale all derjenigen Neuronen erhöht, die sich inhaltlich mit Grippe in Verbindung bringen lassen. Ein hustender Patient löst damit unweigerlich zuerst Assoziationen in Richtung Grippe aus. Ein Wissen um diese assoziativen Prozesse führt dazu, dass man bewusst dagegenhalten kann: „Es ist ja völlig logisch, dass mich meine Assoziationen in diesem Umfeld als erstes direkt an eine Grippe denken lassen. Aber so leicht lasse ich mich nicht täuschen, denn der Husten kann auch noch viele andere Ursachen haben." Die Entscheidungskompetenz reduziert also die Gefahr einer ansonsten verzerrten Einschätzung.

In der zweiten Phase der Intuition sind es die Heuristiken, die möglicherweise mit Verzerrungen und Fehlern einhergehen. Denken Sie beispielsweise an die durch auffällige Berichterstattungen ausgelösten Überreaktionen und Fehleinschätzungen. Die Ursache hierfür liegt in der Verfügbarkeitsheuristik. Ohne Kenntnis dieser oder anderer relevanter Heuristiken und ohne Wissen um die typischen Verzerrungen, die daraus entstehen, wird keine gute Qualität einer Entscheidung möglich sein. Wer sich jedoch mit einer entsprechenden Entscheidungskompetenz gut mit diesen Heuristiken auskennt, kann sich entsprechend vor den Fehlern schützen. Wenn wir in unseren Lehrveranstaltungen die Wirkung der typischen Heuristiken und ihrer Verzerrungen an kleinen Entscheidungsexperimenten mit den Studierenden veranschaulichen wollen und feststellen, dass manche nicht auf die Fallen hereinfallen, liegt dies in aller Regel daran, dass sie sich schon in den Vorlesungsunterlagen mit diesen Biases beschäftigt haben und die Effekte eben schon kennen.

**OHNE GRUNDLEGENDE KENNTNIS DER WICHTIGSTEN HEURISTIKEN MIT DEN DAZUGEHÖRIGEN TYPISCHEN BIASES SIND INTUITIVE EINSCHÄTZUNGEN NUR MIT VORSICHT ZU GENIESSEN.**

## SCHRITT 5: DIE INTUITION ALS PLAUSIBILITÄTSTEST VERWENDEN

Wenn im fünften Schritt des analytischen Vorgehens die Bewertung der Handlungsoptionen ansteht, bietet sich eine intuitive Gesamtbewertung als Plausibilitätstest geradezu an: „Stimmen die analytisch hergeleiteten Ergebnisse mit meinem Bauchgefühl überein?" Im Falle einer Übereinstimmung steht einer Entscheidung für diese Option nichts im Wege. Sie kann aus voller Überzeugung getroffen werden.

Für den Fall jedoch, dass der Bauch eine Option A wünscht, der Kopf aber eine andere Option B als die beste berechnet, ist man noch nicht am Ende. Es müssen dann beide Wege reflektiert werden. Hierbei kann es zwar sein, dass sich die Intuition aufgrund ihrer hohen Anfälligkeit für Verzerrungen als „fehlerhaft" herausstellt. Dies sollte jedoch bei einer sorgfältigen Reflexion in der Aufstellung des Wirkungsmodells eigentlich erkannt worden sein.

Insofern muss auch in Erwägung gezogen werden, dass das analytische Modell nicht gut genug die Entscheidungssituation abbildet. Eine Diskrepanz zwischen Intuition und Analytik ist also insbesondere bei einem ausgeprägten Erfahrungswissen als Hinweis zu sehen, dass auch im analytischen Vorgehen noch eine reflektierende Nacharbeit erfolgen sollte. So ist es beispielsweise möglich, dass bestimmte, im Grunde wichtige Ziele gänzlich im Zielsystem übersehen wurden. Das analytische Modell wäre in diesem Fall unvollständig und würde nicht die richtigen Ergebnisse liefern. Ebenso könnte es sein, dass Zielgewichte oder Wirkungsprognosen in der Entscheidungsmatrix verzerrt oder unrealistisch angesetzt wurden. All dies müsste aufgedeckt werden, um die notwendige Konvergenz zwischen Bauch und Kopf zu ermöglichen.

DISKREPANZEN ZWISCHEN BAUCHGEFÜHL UND KOPFENTSCHEIDUNGEN SIND EIN SICHERER HINWEIS, DASS AUF (MINDESTENS) EINEM WEG NOCH UNZULÄNGLICHKEITEN VORLIEGEN, DIE ES AUFZUDECKEN GILT.

Im Hinterkopf sollte hierbei aber auch die Möglichkeit in Erwägung gezogen werden, dass das unterstellte analytische Modell schlichtweg zu schlecht auf die Entscheidungssituation passt. Denn jedes Modell ist stets nur ein vereinfachtes Abbild der Realität, vergleichbar mit dem Nachbau eines Flugzeugs durch einen Modellbausatz, bei dem an der einen oder anderen Stelle zur Vereinfachung ein paar Details vernachlässigt werden. Sollten sich Diskrepanzen zwischen der intuitiven Bewertung und dem analytischen Ergebnis also nicht auflösen lassen, sind also auch Zweifel am analytischen Ansatz grundsätzlich erlaubt.

**Was Sie in diesem Kapitel gelernt haben:**

- Reflektiertes Entscheiden bedeutet, ein intuitives sowie analytisches Vorgehen gut zu kombinieren.
- Eine gute Möglichkeit, diese beiden Wege zu kombinieren, besteht darin, Diskrepanzen zwischen Intuition und Analytik aufzudecken und die Ursachen dafür zu ergründen.
- Intuitionen können bei vorliegendem Wissen über die psychologischen Wirkungszusammenhänge bei Assoziationen und Heuristiken analytisch reflektiert werden.
- Analytische Vorgehensweisen können durch ein bewusstes Hören auf den Bauch intuitiv reflektiert werden.
- Wie hoch die Bedeutung intuitiver Einschätzungen im Verhältnis zu analytischen Einschätzungen ist, hängt im entscheidenden Maße von dem Erfahrungswissen ab.

# 5
# EIN ZWISCHENFAZIT

Wir wollen in diesem Kapitel ein Zwischenfazit ziehen und das gerade skizzierte Zusammenspiel von Bauch und Kopf in einem vollständig reflektierten Entscheidungsprozess zunächst noch einmal rekapitulieren und anhand der Entscheidungsstraße grafisch veranschaulichen. Der gesamte Weg ist jedoch so lang, dass es nicht sinnvoll ist, diesen Entscheidungsprozess bei jeder Entscheidung vollständig zu durchlaufen. Entscheidungskompetent bleiben Sie auch dann, wenn Sie passend zur jeweiligen Entscheidungssituation Abkürzungen wählen, ohne dabei die grundlegende Philosophie des Ansatzes zu verletzen. Deshalb beschreiben wir diese Philosophie anschließend in einer Form, auf deren Basis wir allgemeinere Empfehlungen auch für kürzere Entscheidungsstrecken ableiten. Zum Abschluss möchten wir Ihnen noch einige Ratschläge geben, wie Sie den zweiten Teil des Buches am besten angehen können.

## REFLEKTIERTES ENTSCHEIDEN ZWISCHEN KOPF UND BAUCH

### Das Wichtigste zusammengefasst

Zu Beginn dieses Buches hatten wir Ihnen die intuitive Bauchentscheidung und die analytische Kopfentscheidung als zwei Entscheidungswege dargestellt, die zwar denselben Startpunkt haben, dann aber nach einer Weggabelung durchaus zu unterschiedlichen Ergebnissen führen können. Ein wesentliches Merkmal des reflektierten Entscheidens besteht darin, dass Sie als Entscheider diese beiden Wege zusammenhalten und zu zwei parallelen Spuren eines gemeinsamen Weges machen. Deutet es sich an, dass die Intuition zu einem anderen Ergebnis als die Analytik kommt, so müssen Sie in einem reflektierten Entscheidungsprozess den Ursachen unmittelbar nachgehen und somit verhindern, dass die Spuren auseinanderdriften. Dies gilt grundsätzlich auf der gesamten Wegstrecke, d. h. in allen fünf Schritten. Denn sowohl auf dem intuitiven als auch auf dem analytischen Entscheidungsweg gibt es an vielen Stellen Schlaglöcher, die Sie vom richtigen Weg abbringen könnten, wenn Sie diese nicht mit einem Schlenker auf die andere Spur umfahren. Nur wenn Sie am Ende auf einer Wegstrecke ankommen, bei der die Spuren parallel verlaufen, und Kopf und Bauch einer Meinung sind, ist der Entscheidungsprozess erfolgreich abgeschlossen.

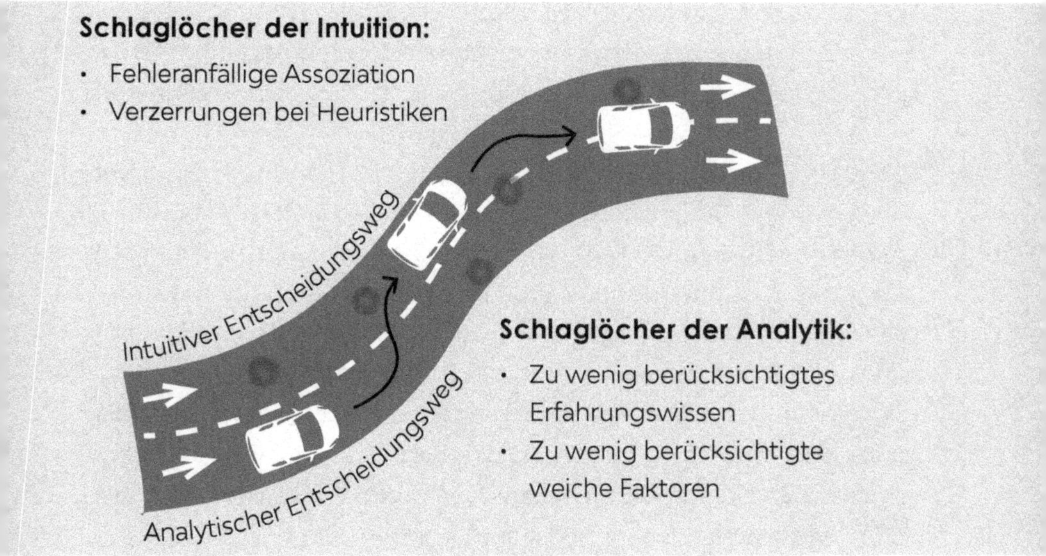


Abbildung 14: Umfahren der Schlaglöcher im reflektierten Entscheiden

Als reflektierter Entscheider kennen Sie die kritischen Stellen im Entscheidungsprozess und wissen, wie man mit ihnen umgeht. Sie wechseln kontrolliert die Spuren und profitieren von allen Synergien, die in dem Zusammenspiel von Kopf und Bauch grundsätzlich schlummern. Im letzten Kapitel hatten wir dies schon einmal exemplarisch für jeden der fünf Schritte verdeutlicht.

Sie haben gelernt, dass intuitive Einschätzungen und Entscheidungen immer dann sehr wertvoll sein können, wenn Sie über einen großen Erfahrungsschatz verfügen. Allerdings gibt es eben viele psychologisch bedingte Fehlerquellen, welche die Qualität der Entscheidung reduzieren können. Diese Biases stellen tiefe Schlaglöcher dar, die bei einem reflektierten Entscheiden durch entsprechende Vorkehrungen (Debiasing) unschädlich gemacht werden müssen. Ebenfalls haben Sie gelernt, dass die für die Intuition zentralen Assoziationsprozesse auch fehleranfällig sind. Auch bei vorliegenden Erfahrungen wird dieses implizite Wissen also nicht immer richtig interpretiert. Insofern ist es auch hier gut, wenn auf der analytischen Spur Vorsichtsmaßnahmen ergriffen werden, um nicht auf diesem Weg die Qualität der Entscheidung zu reduzieren.

Die größten Schwächen der Analytik liegen darin, dass die konsequente Anwendung eines Entscheidungsmodells, wie es in der Ergebnismatrix zum Ausdruck kommt, die Realität möglicherweise zu sehr vereinfacht. Komplexe Zusammenhänge werden möglicherweise nicht in der Form berücksichtigt, wie es angemessen wäre. Deshalb ist es zur Ergänzung eines analytischen Vorgehens sinnvoll, an verschiedenen Stellen intuitive Einschätzungen aus einem vorliegenden Erfahrungswissen einfließen zu lassen. Wir hatten gezeigt, dass dies bei der Suche nach Handlungsoptionen und bei den Einschätzungen im Wirkungsmodell besonders zum Tragen kommt, ebenso aber auch in der Phase der Zielfindung, um auch alle relevanten „weichen" Faktoren mit in das Kalkül zu ziehen.

## Entscheidungskompetenz auch mit weniger Aufwand

Schon im ersten Kapitel dieses Buches hatten wir den Begriff der Entscheidungskompetenz definiert: Entscheidungskompetenz bedeutet, reflektiert entscheiden zu können und diese Fähigkeit sinnvoll einzusetzen. Hiermit wollten wir zum Ausdruck bringen, dass es sich sicherlich nicht für jede Entscheidungssituation lohnt, den hohen Aufwand eines bis ins letzte Detail reflektierten Entscheidungsprozesses in Kauf zu nehmen. Spätestens wenn Sie nach der Lektüre des zweiten Teils des Buches gesehen haben, wie viele Methoden und Hinweise dieser Teil umfasst, wird klar, dass alles andere unrealistisch wäre.

Gleichwohl wird es einige Entscheidungen in Ihrem Leben geben, die eine so hohe Bedeutung haben, dass selbst ein zeitlicher Einsatz von mehreren Tagen oder vielleicht sogar Wochen gerechtfertigt ist. Hierzu gehören eben nun mal die grundsätzlichen Fragen eines Lebensentwurfes – von der genauen Job- und Berufswahl bis zu den Überlegungen einer Familienplanung – oder die Frage, in welchem Land oder welcher Stadt Sie sich ansiedeln wollen. Vielleicht kennen Sie auch Situationen und Fragestellungen, in denen Sie schon seit geraumer Zeit hadern und grübeln, wie Sie sich nun entscheiden sollen. Immer wieder wägen Sie die Optionen ab und können sich einfach zu nichts durchringen. In der gesamten Zeit, die Sie mit solchen Überlegungen wenig zufriedenstellend vertan haben, hätten Sie den vollständigen reflektierten Prozess möglicherweise schon dreimal durchlaufen. Zugleich hätten Sie dann wohl auch schon ein Ergebnis, und zwar gestützt von Kopf und Bauch.

Sieht man einmal von diesen besonderen Entscheidungssituationen ab, sollten Sie in allen Ihren Entscheidungen zumindest der grundlegenden Philosophie eines reflektierten Entscheidens folgen. Sie können dies tun, ohne einen zusätzlichen Aufwand in Kauf nehmen zu müssen. Was Sie benötigen, ist lediglich ein klares Bewusstsein für diese Philosophie und den Willen, diesen Weg nicht wieder zu verlassen. Wir können diese Philosophie mit fünf Merkmalen beschreiben:

- **„Proaktiv":** Seien Sie stets offen und proaktiv. Das heißt, entscheiden Sie sich nicht nur dann, wenn Sie es müssen, sondern nehmen Sie verstärkt Ihr Leben in die Hand. Suchen Sie sich Entscheidungschancen, bei denen Sie selbst sagen, wo es langgeht.
- **„Zielorientiert":** Achten Sie sehr genau darauf, was Ihre grundlegenden Ziele sind, die Sie verfolgen, und in welcher Weise die Handlungsoptionen etwas zu diesen Zielen beitragen können. Diese Selbstreflexion ist zwar ein durchaus herausfordernder und aufwendiger Teilschritt im Rahmen eines reflektierten Entscheidungspro-

zesses. Allerdings müssen Sie diesen Schritt eben nicht in jeder Entscheidungssituation wiederholen, denn Ihre grundlegenden Wünsche und Bedürfnisse werden sich nicht schnell ändern. Sie müssen sich im Prinzip Ihre Ziele einmal sehr gründlich vor Augen führen und dann zumindest von Zeit zu Zeit kontrollieren, ob sich etwas verändert. Den einzigen Aufwand, den Sie in einer Entscheidungssituation haben, ist die Überlegung, wie sich die Handlungsoptionen auf Ihre (bekannten) Ziele auswirken. Wir versprechen Ihnen, dass Sie von einem Antrainieren dieses zielorientierten Denkens extrem profitieren werden.

- **„Kreativ":** Seien Sie kreativ in Ihren Überlegungen, welche Handlungsoptionen Ihnen offenstehen. Verharren Sie nicht bei dem Naheliegenden, sondern suchen Sie bewusst nach neuen Handlungsoptionen. Wie man hierbei systematisch vorgehen kann, werden wir Ihnen in Kapitel 8 „Identifikation von Handlungsoptionen" vorstellen. Wenn Sie diese Methoden einmal verstanden und ausprobiert haben, wird Ihnen auch im Alltag schneller eine gute Idee kommen.
- **„Aufgeklärt":** Wir werden in Kapitel 9 „Schätzen der Auswirkungen" mit Ihnen noch einmal verschiedene Fallstricke und Verzerrungen durchgehen, die bei intuitiven Schätzungen auftreten können. Es ist ein wichtiger Bestandteil der Philosophie des reflektierten Entscheidens, dass Sie auch im Alltag bei allen Entscheidungen so aufgeklärt sind, nicht in entsprechende Schlaglöcher zu fahren. Je intensiver Sie sich mit diesen Fallstricken auseinandergesetzt haben, desto weniger anfällig werden Sie hier sein.
- **„Konsequent":** Zu guter Letzt gehört zur Entscheidungskompetenz im Alltag, dass Sie Ihre getroffenen Entscheidungen auch umsetzen. Haben Sie dies nicht auch schon mal bei sich oder anderen erlebt? Man entscheidet sich eigentlich für etwas, ertappt sich aber nach einer gewissen Zeit, dass man es aus irgendwelchen (häufig vorgeschobenen) Gründen doch noch nicht gemacht hat. Die beste Basis, um Entscheidungen umzusetzen, ist eine vorliegende Harmonie von

Kopf und Bauch. Sie können aber noch mehr tun: Verknüpfen Sie beispielsweise die Umsetzung der Entscheidung mit Belohnungen, die Sie sich selbst geben. Sie können auch Ihre Entscheidung auf einem großen Zettel in der Diele notieren und sich täglich daran erinnern lassen. Ein guter Ansatz ist es auch, Freunden oder Eltern die Entscheidung in einer klaren und endgültigen Form mitzuteilen. Dies erzeugt auch bei Ihnen ein Commitment (also eine Art persönliche Verpflichtung), sich lieber auch an die Entscheidung zu halten.

Je bewusster Sie diese Philosophie einer proaktiven, zielorientierten, kreativen, aufgeklärten und konsequenten Entscheidungskompetenz im Alltag mit sich herumtragen, desto schneller werden Sie all diese Punkte auch automatisch berücksichtigen. Der große Aufwand, den Sie in den ersten Schritten im Training einer Entscheidungskompetenz noch haben, weicht dann einer soliden, ausgeprägten Fähigkeit, stets eine hohe Entscheidungsqualität zu erreichen.

### Hinweise zum zweiten Teil des Buches

Im zweiten Teil des Buches werden wir den reflektierten Entscheidungsprozess kapitelweise für alle fünf Schritte des analytischen Vorgehens genau erklären. Wir präsentieren Ihnen jeweils eine Reihe von Methoden, die nach unserer Erfahrung den größten praktischen Mehrwert liefern, und viele Hinweise zum Umfahren der oben genannten Schlaglöcher.

Sie können grundsätzlich das gesamte Vorgehen entweder im Kopf oder mit Papier und Bleistift alleine umsetzen. An einigen Stellen werden wir Sie aber auch auf unser Tool ENTSCHEIDUNGSNAVI hinweisen, wenn es ohne eine technische Unterstützung sonst eher unübersichtlich werden würde. Dies ist insbesondere dann der Fall, wenn Sie komplexere Entscheidungsprobleme zu bewältigen haben, in denen Sie zusätzlich auch Wahrscheinlichkeiten berücksichtigen und mathematisch durch das MAUT-Modell untermauern wollen. Das ENTSCHEIDUNGSNAVI steht kostenfrei im Internet zur Verfügung.

Ein richtiges Verständnis der gesamten Vorgehensweise werden Sie allerdings erst dann erreichen, wenn Sie sich alle Kapitel nicht nur durchlesen, sondern an einem eigenen realen Beispiel vollständig anwenden. Vergleichen Sie es mit den Fahrstunden, die Sie für den Führerschein benötigen. Allein aus der Theorie kann man Autofahren nicht lernen. Sie müssen es in der Realität ausprobieren und über die Zeit mit etwas didaktischer Unterstützung Erfahrungen sammeln. Genauso verhält es sich mit der Entscheidungskompetenz.

Diesen Unterschied zwischen Theorie und Praxis können wir regelmäßig in unseren Vorlesungen erleben. Inhaltlich erreichen die Studierenden sehr bald ein Verständnis, was alles zu einem reflektierten Entscheiden dazugehört. In der Klausur können die meisten dies auch gut wiedergeben. Aber in dem Moment, wenn die Studierenden mit dem ENTSCHEIDUNGSNAVI ein eigenes Entscheidungsproblem vollständig durcharbeiten sollen, kommt ein etwas anderes Feedback: Die Studierenden hatten sich nicht vorgestellt, dass es so schwierig ist – aber sie lobten, dass der Erkenntnis- und Kompetenzgewinn überraschend groß war.

Ideal zum Lernen des reflektierten Entscheidens ist es, wenn Sie sich gerade in einer wichtigen Entscheidungssituation befinden und zugleich auch ein wenig Zeit zur Verfügung haben, um alle Schritte durchzuführen und allen Hinweisen zu folgen.

# DIE FÜNF SCHRITTE DES REFLEKTIERTEN ENTSCHEIDENS

In diesem zweiten Teil des Buches können Sie Ihre Entscheidungskompetenz trainieren. Wie wir schon in den einführenden Kapiteln des ersten Teils erläutert haben, üben Sie hierbei einen Prozess, der strikt den fünf Schritten des analytischen Vorgehens folgt. In jedem der folgenden fünf Kapitel wird im Detail auf jeweils einen Schritt dieses Vorgehens eingegangen und Sie erfahren in jedem Schritt, wie Sie vorgehen und auf was Sie achten müssen.

Die grundlegende Philosophie, die dem vorgestellten Ansatz zugrunde liegt, haben wir in Kapitel 4 schon dargestellt. Es dreht sich im Wesentlichen darum, eine sauber strukturierte analytische Vorgehensweise in nahezu allen Teilschritten gezielt und kontrolliert mit intuitiven Komponenten zu unterfüttern und hierbei mögliche Fehler, die aus einem unreflektierten Bauchgefühl entstehen können, durch bewusstes und kompetentes Reflektieren weitestgehend zu vermeiden.

Auch wenn wir bis zu dieser Stelle im Buch immer wieder zwischen dem intuitiven und analytischen Entscheidungsweg differenziert haben, so tritt diese Unterscheidung im Folgenden etwas in den Hintergrund. Dies liegt nicht nur daran, dass eine trennscharfe Abgrenzung sehr schwierig ist. Es liegt vielmehr daran, dass es ab jetzt nur noch darauf ankommt, eine beste Kombination dieser Wege zu finden und es dabei zunehmend unerheblich ist, wie die Wege heißen, auf denen die jeweiligen Teilschritte vorgenommen werden. Wir werden aber gleichwohl in jedem Schritt auf die typischen Schwächen des menschlichen Entscheidungsverhaltens zu sprechen kommen, die in den jeweiligen Arbeitsschritten zu Qualitätseinbußen führen könnten, wenn mit ihnen unreflektiert umgegangen wird. Diese typischen Schwächen sind Erkenntnisse verschiedener Studien der deskriptiven Entscheidungstheorie, also einer Disziplin, die sich im Kern mit intuitiven Entscheidungsmustern von Menschen beschäftigt.

Neben den Hinweisen auf diese Stolperfallen im Entscheidungsprozess wird es in jedem Kapitel auch eine Reihe von eher technischen Hinweisen geben, die Sie ebenfalls berücksichtigen sollten, damit der Entscheidungsprozess die gewünschte hohe Qualität erreicht. Diese Hinweise stehen für den analytischen Part des Prozesses und sind letztlich nichts Anderes als Empfehlungen zur Umsetzung der Instrumente und Methoden, die die präskriptive Entscheidungstheorie in den Lehrbüchern anbietet. Somit folgen wir also weiter der synergetischen Verknüpfung von Intuition und Analytik, auch ohne dies begrifflich immer wieder transparent zu machen.

Die Vorgehensweise, die Sie in den nächsten fünf Kapiteln lernen werden, entspricht im Wesentlichen dem Vorgehen in unserem Webtool ENTSCHEIDUNGSNAVI (siehe www.entscheidungsnavi.de). Dennoch haben wir uns entschlossen, unsere Ausführungen nicht zu sehr an diesem Tool zu orientieren. So wird das ENTSCHEIDUNGSNAVI stetig weiterentwickelt, so dass jede detaillierte Beschreibung vermutlich schnell veraltet wäre. Noch wichtiger war uns aber der Aspekt, dass wir mit diesem Buch eher die inhaltlichen Hintergründe vermitteln als ein „Handbuch" vorlegen wollen. Insbesondere die ersten drei Schritte sind auch gut ohne technische Unterstützung durchzuführen. Erst im vierten und fünften Schritt werden wir häufiger auf das Tool verweisen, weil es zur Berechnung und Auswertung von Nutzenwerten eine echte Erleichterung bringt.

Zur Veranschaulichung werden wir die Vorgehensweise an einer hypothetischen, aber realistischen Fallstudie einer Person „Alex" veranschaulichen, die sich durch alle fünf Kapitel zieht. Wir stellen Ihnen Alex an dieser Stelle kurz vor:

> *Alex arbeitet seit einigen Jahren in dem mittelständischen Maschinenbau-Unternehmen MAINCO und ist im Grunde auch nicht unzufrieden mit dem Job. Dennoch nagt ab und zu der Zweifel an ihm, ob das die richtige berufliche Entwicklung ist. Häufig bleibt nicht genug Zeit für Privates und Hobbys, und eigentlich wollte er in seinem Leben auch noch mehr erleben, als es jetzt der Fall ist.*

Alex liest – wie Sie gerade – dieses Buch und arbeitet sich sorgfältig durch alle Kapitel. Wir werden also alle seine Fortschritte miterleben können. Trotzdem werden wir hauptsächlich versuchen, unsere Ausführungen eher allgemein zu halten und auch mit anderen kleinen Beispielen zu ergänzen, sodass Sie letztlich auch für Ihre (beliebige) Entscheidungssituation alles Notwendige entnehmen können.

# 6 SCHRITT 1: KLÄREN DER ENTSCHEIDUNGSSITUATION

Der erste Schritt in einem reflektierten Entscheidungsprozess besteht darin, die Entscheidungssituation mit einer ausformulierten Entscheidungsfrage exakt zu klären. Damit dieser Schritt seinen Beitrag zu einem reflektierten Vorgehen leistet, müssen Sie auf drei Punkte achten:

**Proaktivität**
Sie sollten schon bei der Formulierung der Entscheidungsfrage mehr nach Chancen zur Verbesserung der Situation suchen, anstatt die Situation als Problem anzusehen.

**Klärung der Perspektive**
Sie sollten klären, wessen Handlungen betrachtet werden und was mit der Entscheidung erreicht werden soll.

**Praktikabilität**
Sie sollten die Entscheidungsfrage so weit eingrenzen, dass sie auch mit vertretbarem Aufwand lösbar ist.

Ehe überhaupt eine Entscheidungsfrage formuliert wird, muss der Wille für eine Entscheidung vorhanden sein. Hier liegt das große Problem von Alex. Obwohl er schon viele Überlegungen angestellt hat, ob und was er an seiner Situation ändern könnte, kann er sich nicht durchringen, mit einer Entscheidung aktiv Einfluss auf sein Leben zu nehmen. An jedem Abend wird ihm klar, dass sich schon wieder nichts verändert hat. Was Alex fehlt, ist Proaktivität.

## PROAKTIVITÄT

### Warum uns Proaktivität nicht in die Wiege gelegt wurde

Proaktives Handeln ist das Gegenteil von Reagieren. Letzteres ist letztlich nur eine Antwort auf einen Impuls, der von außen kommt. Beispielsweise wird Ihnen eine Frage gestellt, und Sie antworten. Oder es taucht ein Entscheidungsproblem auf, und Sie entscheiden sich daraufhin für eine der offensichtlich möglichen Optionen. In beiden Fällen ist Ihre Reaktion in einem hohen Maße von außen gesteuert. Bei einem proaktiven Handeln fangen Sie hingegen selbst mit der Unterhaltung an, und zwar dann, wenn Sie es gerade für sinnvoll halten. Zugleich warten Sie nicht, bis ein Entscheidungsproblem auf Sie zukommt, Sie suchen sich Ihre Entscheidungssituationen selbst.

Der häufigste Entscheidungsfall ist jedoch die Reaktion auf ein auftretendes Entscheidungsproblem. Die Betrachtungsweise, dass jede Entscheidung auch für eine Chance steht, ist nicht in unseren Köpfen verankert. Deutlich wird dies schon allein an dem Begriff „Entscheidungsproblem", der in der deutschen Sprache wesentlich häufiger verwendet wird als der Begriff „Entscheidungschance". Warum sind Situationen, in denen Entscheidungen anstehen, so negativ konnotiert? Es sollte nicht daran liegen, dass man über die Entscheidung Einfluss auf sein Leben ausüben kann, denn Selbstbestimmung wird meist als sehr positiv angesehen. Nein, es gibt drei andere Gründe.

Den ersten Grund nennen wir Denkfaulheit. Wir müssen unseren Kopf anstrengen, Vor- und Nachteile der verschiedenen Optionen abwägen und dann die beste herausfinden. Das gefällt nicht jedem.

Der zweite, mindestens so bedeutende Grund ist die Angst, dabei etwas falsch zu machen. So ist aus der Verhaltensforschung das Phänomen bekannt, dass Menschen bei Veränderungen ihrer Situation die nachteiligen Konsequenzen stärker gewichten als die Vorteile. Diese im wissenschaftlichen Jargon als *Verlustaversion* bezeichnete Asymmetrie fördert entscheidend die Neigung, im momentanen Zustand zu verweilen und nichts zu verändern, wenn es nicht unbedingt sein muss. In den zahlreichen Studien, die diese Verlustaversion bestätigen, konnten die Forscher das Verhältnis sogar in Zahlen ausdrücken: Die Nachteile werden ungefähr doppelt so stark bewertet wie die Vorteile.[10] Wirklich ein deutliches Ergebnis.

Auch für den dritten Grund haben Wissenschaftler einen Namen: *Status-Quo-Bias*. Dieses Phänomen beschreibt eine grundsätzliche Tendenz, lieber alles beim Alten zu belassen als Veränderungen anzustreben. Das Bekannte vermittelt Sicherheit und Kontrolle und spricht somit wichtige Grundbedürfnisse des Menschen an. Warum sollte sich ein Individuum unnötigerweise in Gefahr begeben? Auch wenn die Veränderungen sinnvoll erscheinen, gibt es also eine gewisse Zurückhaltung, die das Entscheiden hemmt.

WIR REAGIEREN MEIST NUR AUF ENTSCHEIDUNGSPROBLEME UND VERPASSEN SOMIT ENTSCHEIDUNGSCHANCEN.

### Neue Entscheidungsmöglichkeiten erkennen lernen

Eine grundlegende Voraussetzung zur Formulierung einer Entscheidungsfrage ist, dass Sie eine Entscheidungsmöglichkeit als solche identifiziert haben. Proaktivität steht also zunächst einmal dafür, in Situationen Entscheidungschancen zu sehen, die bei einem unreflektierten Verhalten gar nicht erkannt worden wären.

Ein Beispiel, in dem eine Entscheidungschance verpasst wird, haben wir zu Beginn des Buches gebracht: Wir nehmen wieder den Fahrstuhl, obwohl es möglich wäre, sich gegen die Gewohnheit einmal für die Treppe anstelle des Fahrstuhls zu entscheiden. Wenn wir also nicht mit einem Entscheidungsproblem konfrontiert werden, machen wir einfach ohne Entscheidung wie gewohnt weiter. Letztlich ist aber dieses Weitermachen gleichzusetzen mit einer Entscheidung für das Gewohnte oder jeweils Naheliegende, wobei dieses Entscheiden völlig passiv und unreflektiert erfolgt.

Wünschenswert ist es also, das Heft stärker in die Hand zu nehmen, d. h. reaktives durch proaktives Handeln zu ersetzen. Es wird sicherlich viele Momente in Ihrem Tag geben, in denen Sie nicht merken, dass Sie gerade eine Entscheidungschance haben und diese ungenutzt vorbeiziehen lassen. Wieso lassen Sie das so geschehen? Sind Sie sicher, dass dies in Ihrem Interesse ist?

**FINDEN SIE DIE MOMENTE IN IHREM TAG, DIE SIE GERNE ALS ENTSCHEIDUNGSCHANCE NUTZEN WOLLEN.**

Sicherlich muss man es hierbei nicht übertreiben. Entscheidungskompetenz bedeutet, dass immer nur dasjenige Maß an Reflexion und damit auch Proaktivität eingesetzt werden soll, welches für die Entscheidungssituation angemessen ist. Aber ein diesbezügliches „Vorgehensschema", wann und wie viel Sie in den verschiedenen Momenten Ihres Tages innehalten und reflektieren, müssen Sie sich erstmal über die Zeit erarbeiten.

> *Als Alex an dieser Stelle des Buches angekommen ist, wird ihm schnell klar, dass es genau diese Proaktivität ist, die ihm fehlt. Er hatte sich zwar schon häufiger vorgenommen, seinen weiteren Werdegang zu überdenken. Aber bislang kamen immer andere Sachen dazwischen, und er wusste auch nicht so richtig, wie er in seinen Überlegungen vorgehen sollte. Nun will er sich aber nicht mehr in Ausreden flüchten und keine weiteren Entscheidungschancen an sich vorbeiziehen lassen. „Ja, ich werde jetzt proaktiver", nimmt er sich vor. Da sein Freund, der auch in der Maschinenbau-Branche arbeitet, gerade zu dem Unternehmen EngineerTech gewechselt ist und darüber sehr positiv berichtet, greift er die Gelegenheit beim Schopf und überlegt sich, ob das nicht auch etwas für ihn wäre. Er formuliert also direkt die dazugehörige Entscheidungsfrage: „Soll ich mich auch bei dem Unternehmen EngineerTech bewerben?"*

### Durch breitere Formulierungen für mehr Chancen sorgen

In jeder wie auch immer entstandenen Entscheidungssituation können Sie in der Formulierung der Entscheidungsfrage mehr oder weniger Proaktivität zeigen. Wenig proaktiv verhalten Sie sich, wenn Sie sich in der Entscheidungsfrage nur auf die naheliegenden Handlungsoptionen beziehen. Dies gilt im Grunde auch für den ersten vorsichtigen Versuch von Alex, proaktiv zu werden. Zwar war die Tatsache, dass er überhaupt eine Entscheidungschance sieht und aktiv eine Frage formuliert, sicherlich schon proaktiv. Aber eben nur ein bisschen, da gibt es noch Verbesserungspotenzial. Proaktives Vorgehen bei der konkreten Ausformulierung einer Entscheidungsfrage steht nämlich insbesondere dafür, den betrachteten Raum an möglichen Handlungsoptionen bewusst zu vergrößern, d.h. die Entscheidungsfrage breiter zu formulieren und sich eben nicht nur auf die naheliegenden Optionen zu beschränken. Bei Alex war die Frage der Bewerbung bei EngineerTech das Naheliegende, weil das so auch sein Freund gemacht hatte.

MIT EINER BREIT FORMULIERTEN ENTSCHEIDUNGSFRAGE WIRD RAUM FÜR MEHR CHANCEN GESCHAFFEN UND DIE BEDEUTUNG DER ENTSCHEIDUNG ERHÖHT.

Die Beobachtung zeigt, dass Menschen häufig nicht von allein die Entscheidungsfrage verbreitern. Wir formulieren unsere Entscheidungsfragen meist nur sehr eng. Wir neigen dazu, nur das jeweilige Problem lösen zu wollen und nicht den Handlungsspielraum zu öffnen. Bei einer reflektierten Formulierung der Entscheidungsfrage muss es also immer darum gehen, den Raum potenzieller Handlungsoptionen gegenüber der ursprünglichen unreflektierten Variante zu vergrößern. Hierdurch steigt im Übrigen auch der Einfluss, den diese Entscheidung auf Ihr Leben hat, und damit auch deren Bedeutung.

## Sich von unnötigen Einschränkungen befreien

Dass Menschen nicht von allein auf die Idee kommen, sich gezielt mit einer Verbreiterung des Handlungsspielraums zu beschäftigen, liegt auch am beschriebenen WYSIATI-Phänomen (What you see is all there is): Man kann sich schlichtweg zu wenig vorstellen, was sich außerhalb des Bilderrahmens, der momentan nur die naheliegende enge Entscheidungsfrage zeigt, befindet. Deshalb bietet es sich an, mit gezielten Brainstorming-Fragen diesen Rahmen bewusst aufzubrechen und den Blickwinkel zu verbreitern. Einige Fragen, die Sie sich in diesem Zusammenhang stellen können, lauten:

- Wenn Sie sich nur für oder gegen etwas entscheiden wollen: Haben Sie sich schon überlegt, was Sie machen wollen, wenn Sie sich dagegen entscheiden? Welche Handlungsoptionen kämen dann noch infrage?
- Wie könnten gänzlich andere Wege aussehen, um Ihr Problem noch grundlegender zu lösen als bislang vielleicht angedacht?
- Haben Sie im Vorfeld der jetzigen Situation schon Entscheidungen getroffen, ohne diese wirklich gut begründen zu können? Könnten Sie diese Entscheidungen nicht auch noch einmal hinterfragen?
- Betrachten Sie bitte alle Grundannahmen in Ihrem Entscheidungsproblem. Ist es nicht möglich, die eine oder andere Grundannahme möglicherweise infrage zu stellen und das Entscheidungsproblem weiter zu fassen? Wie könnte das aussehen?

> *Schon bei der ersten Frage erkennt Alex, dass er eigentlich zu kurz gedacht hat. Wenn er sich nämlich nicht bei EngineerTech bewirbt, bleibt er dann einfach ganz normal in seinem Betrieb? Er könnte auch versuchen, an seiner aktuellen Beschäftigung im Betrieb etwas zu verändern. Auch könnte er mit dem Chef über eine Veränderung seines Betätigungsfeldes reden oder auch mal*

*nach einer Gehaltserhöhung fragen. Entsprechende Optionen fanden sich noch nicht in der Entscheidungsfrage. Bei den anderen Fragen schafft Alex es zwar nicht, jede zu seiner Zufriedenheit zu beantworten. Es gelingt ihm aber dennoch, durch die gesetzten Impulse aus der WYSIATI-Falle auszubrechen und zu erkennen, dass sein Handlungsraum immer noch viel zu klein gedacht ist. Warum soll denn nur eine Bewerbung bei EngineerTech infrage kommen, wenn es doch noch so viele andere Unternehmen gibt, die vielleicht noch besser wären?*

### Was sind meine persönlichen Lebensmotive?

Bei solch wichtigen Lebensentscheidungen, wie im Falle von Alex, gehört es zu einem reflektierten Vorgehen stets dazu, sich mit der Frage zu beschäftigen, von welchen Faktoren die eigene Lebensqualität abhängt. In unserem Leben geht es grundsätzlich darum, bestimmte Dinge zu erreichen, zu erleben oder zu spüren, die das Leben lebenswert machen. Man spricht hier auch von den Lebensmotiven eines Menschen. Doch was das ist, unterscheidet sich von Person zu Person. Herauszufinden, welche Dinge dies für die eigene Person sind, ist sozusagen die Königsdisziplin eines reflektierten Vorgehens.

REFLEKTIERTE ENTSCHEIDER HABEN EIN GUTES VERSTÄNDNIS DER EIGENEN LEBENSMOTIVE.

Ja, es ist sehr schwer, dies klar herauszustellen, und dieses Buch alleine wird Ihnen auch nicht die Antwort auf dem Tablett liefern. Aber wenn Sie Ihr Leben in die Hand nehmen möchten und es möglichst selbst gestalten wollen, dann geht kein Weg an einer entsprechenden Selbstreflexion vorbei. Wie wollen Sie ansonsten unterschiedliche Wege bewerten, wenn Sie nicht wissen, wo die Reise hingehen soll?

Wer wissenschaftliche Literatur zu der Frage grundlegender Lebensmotive sucht, begegnet in der Regel mindestens zwei Namen: Abraham Maslow und Steven Reiss. Maslow kennt man meist noch aus der Schule, wenn seine Bedürfnishierarchie auf dem Lehrplan steht. In seiner Auflistung menschlicher Bedürfnisse findet man physiologische Bedürfnisse, die zum Lebenserhalt dienen. Darüber hinaus orientiert sich der Mensch an seinem Sicherheitsbedürfnis. Er bemüht sich um soziale Kontakte, Anerkennung und Wertschätzung und am Ende auch um die eigene Selbstverwirklichung.

Steven Reiss stellte ca. ein halbes Jahrhundert nach Maslow einen etwas moderneren Ansatz vor, in dem er sich auf einen Katalog von 16 Lebensmotiven des Menschen bezieht. Jeder von uns folgt in einem gewissen Umfang diesen Motiven. Die jeweilige Bedeutung der Motive unterscheidet sich von Mensch zu Mensch. Es gibt deshalb für jeden Menschen ein individuelles „Reiss Motivation Profile". Einige Unternehmen nutzen seinen Ansatz, um die Zusammenarbeit von Mitarbeitern mit unterschiedlichen Charakteren dadurch zu optimieren, dass jedes Teammitglied die Motive der anderen Teammitglieder besser zu berücksichtigen lernt.

In unseren Übersichten, die wir im Entscheidungsnavi verwenden, um Menschen Gedankenimpulse zu geben, wie sie ihre eigene Orientierung im Leben finden können, berücksichtigen wir die Erkenntnisse von Maslow und Reiss. Allerdings gibt es eine Reihe weiterer Lebensmotive, die uns häufiger in diesem Kontext begegnen und die wir deshalb auch noch mit ergänzt haben. Die folgende Wortwolke gibt Ihnen einen Eindruck möglicher Lebensmotive.

Die Beschäftigung mit den Lebensmotiven hat nicht nur den positiven Effekt, dass Sie ein besseres Verständnis dessen bekommen, was in Ihrem Leben für Sie wichtig ist. Dass innerhalb des ersten Schrittes ein solch grundlegendes Denken angeregt wird, führt insbesondere auch

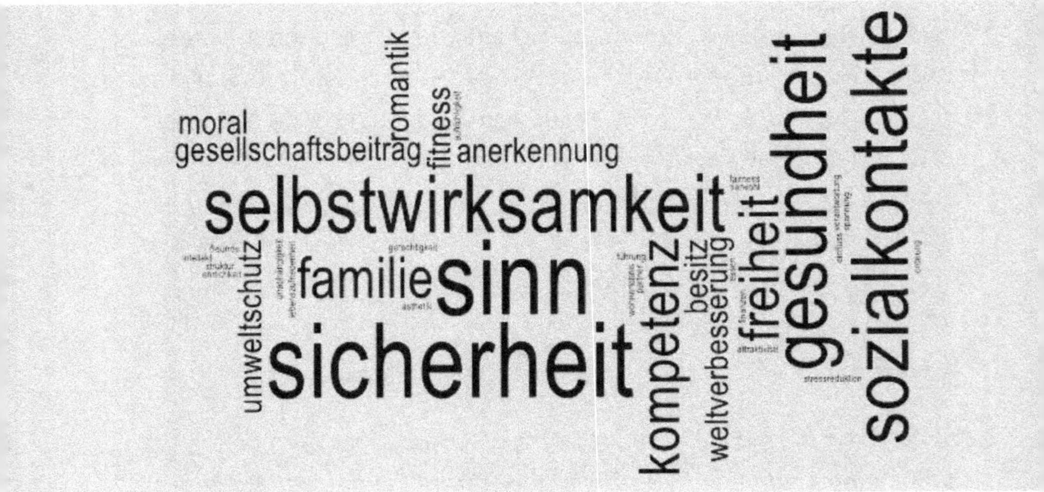


Abbildung 15: Ein Ausschnitt potenzieller Lebensziele

dazu, dass Sie in der Folge fast in natürlicher Weise auch die Entscheidungsfrage breiter stellen.

> *An dieser Stelle nimmt sich Alex sehr viel Zeit und reflektiert alle Lebensmotive aus der Wortwolke. Als erstes wird ihm dabei klar, dass ihm Sozialkontakte sehr viel wert sind. Dies bezieht er nicht nur auf Kontakte innerhalb seiner Familie, sondern auch auf seine Freunde. Auch das Verhältnis mit seinen Arbeitskollegen ist ihm ausgesprochen wichtig. Ihm macht ein Leben in einer Gruppe von netten Menschen einfach viel mehr Spaß als alleine. Es ist also in jedem Fall ein wichtiger Bereich, der bei seiner beruflichen Ausrichtung berücksichtigt werden müsste. Am besten, so denkt er sich, wäre es, wenn sein Beruf ihm noch viel Zeit für seine privaten Kontakte lässt und er zugleich auch mit seinen Arbeitskollegen sehr freundschaftliche Verhältnisse hat.*
>
> *Darüber hinaus verharrt er auch beim Begriff der Sicherheit. Er ist schlichtweg keine Spielernatur und möchte sich nicht Sorgen machen müssen, dass sein Lebensentwurf gefährdet ist. Deshalb*

*ist ihm beispielsweise auch seine Gesundheit viel wert, er weiß, dass hieran viel hängt.*
*Klar wird ihm bei der Reflexion der Lebensziele auch, dass es für ihn sehr wichtig ist, sich selbst kompetent zu fühlen. Wenn er Aufgaben zu erledigen hat, die ihn herausfordern, die er gleichzeitig gut im Griff hat und vielleicht sogar etwas dabei gestalten kann, dann ist er immer hochzufrieden, ausgeglichen, und die Arbeit macht Spaß. Wenn er hingegen mit etwas beauftragt ist, was er nicht gut kann und auch nichts bewirkt, dann ist er während und sogar nach der Arbeit schlecht gelaunt. Er weist somit dem Motiv nach Selbstwirksamkeit auch eine hohe Bedeutung zu.*
*Was ihm an seinem bisherigen Job eigentlich auch fehlt, ist, dass er einen tieferen Sinn in seiner Tätigkeit spürt. Sicherlich unterstützt er seinen Arbeitgeber mit seinem Einsatz dabei, wirtschaftlich gut dazustehen und auch seinen Arbeitsplatz damit zu sichern. Aber einen großen gesellschaftlichen Beitrag liefert er mit seinem Job nicht. Für seine ersten Jahre im Beruf ist dies auch für ihn in Ordnung, aber auf Dauer ist ihm das eigentlich zu wenig. Wenn es da etwas gäbe, wo er mehr dahinterstehen könnte, wäre es für ihn sehr wünschenswert.*
*Am Ende dieser ganzen Überlegungen ist ihm klar, dass seine bisherige Entscheidungsfrage am besten noch breiter formuliert werden sollte. So ist zwar offensichtlich, dass ein Mehr oder Weniger in der Erfüllung seiner wichtigen Lebensmotive in sehr großem Umfang von seinem beruflichen Lebensentwurf abhängt. Schließlich verbringt er einen Großteil seiner Zeit im Beruf. Allerdings sind bei seinen wichtigen Lebensmotiven auch einige dabei, die nicht zwingend nur im Beruf, sondern möglicherweise sogar noch einfacher außerhalb des Berufs verfolgt werden könnten. Hierzu zählen insbesondere die Sozialkontakte, Sicherheit, Gesundheit, Selbstwirksamkeit und der tiefere Sinn, nach dem Alex in seinen Tätigkeitsfeldern sucht. Wenn also sein Beruf ihm nicht nur den*

> *finanziellen, sondern vor allem den zeitlichen Freiraum ließe, diesen Lebensmotiven im privaten Umfeld nachzukommen, dann könnte ein solcher Weg vielleicht noch attraktiver sein. Es muss ja nicht zwangsläufig der „Nine-to-five"-Job in der Branche sein, zu der er sich vor Jahren einmal entschlossen hatte.*

## Der Unterschied zwischen „Wie"- und „Ja-Nein"-Fragen

Nicht nur eine tiefgehende Selbstreflexion und ein Befreien von unnötigen Einschränkungen kann zu einer breiteren Formulierung führen, sondern schon allein die Frage, welche sprachlichen Frageformen verwendet werden.

Eine sehr enge Formulierung versteckt sich beispielsweise hinter allen Ja-Nein-Entscheidungsfragen: „Soll ich im nächsten Semester ein Auslandssemester einlegen?" oder „Mache ich das Zwölf-Monats-Abo im Fitnessstudio?". Auch der erste Formulierungsversuch von Alex mündete ja in eine solche Formulierung.

Ja-Nein-Entscheidungsfragen fördern jedoch kaum Proaktivität, es gibt nur zwei Optionen und keine weiteren Entscheidungschancen. Wer eine solche Entscheidungsfrage formuliert hat, kann häufig allein schon durch die Verwendung von offeneren Fragewörtern mehr Proaktivität erzeugen. Formulieren Sie also einfach Ihre Frage noch einmal neu und zwar als offen gestellte „W"-Entscheidungsfrage. Verwenden Sie ein „Wie" oder „Welche", manchmal bietet sich auch ein „Wo" oder „Wann" an. Besonders hilfreich ist es hierbei, in einem Zug direkt auch mit zu klären, was mit der Entscheidung erreicht werden soll. Aus der Frage: „Mache ich das Abo im Fitnessstudio?" entwickeln Sie dann beispielsweise die breite Variante „Wie kann ich durch ein Abo oder andere Maßnahmen meine Fitness steigern?". Wenn Sie die Frage mit „Wie" starten, brauchen Sie nicht mehr die Handlungsoptionen genauer zu beschreiben,

**VERWENDEN SIE „WIE-", „WELCHE-", „WO-" ODER „WANN"-FORMULIERUNGEN ANSTELLE VON JA-NEIN-FRAGEN.**

das Wort „Wie" erlaubt in natürlicher Weise den größtmöglichen Interpretationsraum. Mit dieser Variante können Sie in den Folgeschritten sehr unterschiedliche, interessante Optionen zusätzlich zu dem Fitnessstudio finden, von einem regelmäßigen Jogging über morgendliches Yoga bis zum Eintritt in einen Sportverein.

> *Mit diesen Vorüberlegungen kommt Alex zu dem Entschluss, die Entscheidungsfrage wie folgt zu formulieren: „Wie kann ich mein Leben in beruflicher Sicht so gestalten, dass ich eine möglichst hohe Lebensqualität erreiche?"*

## KLÄRUNG DER PERSPEKTIVE

Die meisten Entscheidungssituationen betreffen Entscheidungsfragen, die in der Ich-Perspektive gestellt sind. Sie sind der Entscheider, der aus einem grob definierten Handlungsraum die Option wählt, die für ihn am besten ist. Wenn Sie beispielsweise überlegen, welchen Saugroboter Sie erwerben wollen, oder mit wem Sie einmal gemeinsame Kinder haben wollen, ist es gleichermaßen die Ich-Perspektive, die die Entscheidungssituation dominiert. Auch Alex hat diese Perspektive eingenommen.

In vielen Entscheidungssituationen wird jedoch die Rolle, die Sie im Kontext der Entscheidung einnehmen, von hoher Relevanz sein. So treffen Sie in Ihrer Elternrolle Entscheidungen, die Ihr Kind betreffen. Oder Sie sind Teil eines Teams im Unternehmen und sollen sich an Projektentscheidungen beteiligen. Möglicherweise wollen Sie in Ihrer Profession als Unternehmensberater Ihrem Klienten helfen. In allen Fällen geht es nur teilweise um Sie und Ihren Nutzen. Vielleicht dreht es sich auch gar nicht um Ihre Handlungsoptionen, sondern Sie müssen sich lediglich eine Meinung über die Handlungsoptionen anderer Beteiligter bilden, deren Nutzen maximiert werden soll.

In allen Fällen müssen Sie sehr genau diese Perspektiven in Ihrer Entscheidungsfrage klären. Nehmen wir als Beispiel den Unternehmensberater, dem sich insbesondere zwei Varianten von Entscheidungsfragen anbieten. Eine erste Variante wäre: „Welche Strategie sollte mein Klient wählen, um sein Unternehmen zum Erfolg zu führen?" Mit einer anderen Perspektivenwahl ließe sich eine zweite Variante wie folgt formulieren: „Welche Entscheidungsempfehlung sollte ich an meinen Klienten aussprechen, um mein eigenes Wohl zu fördern?" Beide Entscheidungsfragen legen grundsätzlich unterschiedliche Leitplanken für den weiteren Prozess fest. Im ersten Fall müssten im Nachfolgeschritt, d.h. der Aufstellung von Zielen, die Ziele des Klienten betrachtet werden. Im zweiten Fall wären es hingegen die Ziele des Unternehmensberaters, wie z.B. die Erhöhung einer Chance auf Nachfolgeprojekte. Die Ziele des Klienten spielen zwar auch noch eine Rolle im Entscheidungsprozess, allerdings vornehmlich erst an einer anderen Stelle im Entscheidungsprozess, und zwar im Wirkungsmodell. Wenn es nämlich der Klient nicht schafft, durch die Unterstützung des Beraters seine Ziele zu erreichen, ist er unzufrieden und wird vielleicht dann auch keine Nachfolgeprojekte an den Berater vergeben. Dies sind aber Einschätzungen über Wirkungsbeziehungen und kommen deshalb an dieser Stelle noch nicht zum Tragen.

**IN JEDER ENTSCHEIDUNGSFRAGE MUSS GEKLÄRT SEIN, WER HANDELT UND WAS MIT DER ENTSCHEIDUNG ERREICHT WERDEN SOLL.**

Ein Fehler, den wir manchmal bei der Formulierung von Entscheidungsfragen beobachten, besteht darin, dass kein Handlungsraum angesprochen wird. „Ist ein Dieselfahrverbot nützlich für die Erfüllung deutscher Klimaziele?" ist z.B. keine

Entscheidungsfrage, da keine Handlungsoptionen existieren bzw. kein Entscheider benannt wird, der tätig werden kann. Um in diesem Fall eine Entscheidungsfrage zu formulieren, wäre z. B. folgende Formulierung vorstellbar: „Wie kann unsere Regierung durch Regulation verschiedener Verbrennungsantriebe das Erreichen der Klimaziele unterstützen?" Hier besteht Klarheit, wer entscheidet (→ unsere Regierung), was der Handlungsraum ist (→ verschiedene Konzepte der Regulierung) und wer davon profitiert bzw. was erreicht werden soll (→ Erreichen der Klimaziele).

## PRAKTIKABILITÄT

Natürlich kann es nicht immer darum gehen, die breiteste Entscheidungsfrage in einer Entscheidungssituation zu finden. Das würde den Aufwand erhöhen und den Prozess bis hin zur Umsetzung einer Entscheidung in die Länge ziehen. Es ist jedoch immer möglich, durch das Hinzufügen einer engeren Orientierung, was mit der Entscheidung erreicht werden soll, oder aber auch durch Beschränkung des Handlungsspielraums die Entscheidungsfrage zu vereinfachen.

Eine Einschränkung bei der Orientierung kann beispielsweise darüber erfolgen, dass Sie nicht das allgemeine Ziel, wie Sie Ihre Lebensqualität maximieren können, wählen, sondern sich auf einzelne Aspekte oder möglicherweise auch einzelne Lebensmotive beschränken. So könnten Sie anstelle der Entscheidungsfrage „Wie sollte ich mich am besten ernähren (um meine Lebensqualität zu maximieren)?" die eng eingegrenzte Formulierung „Wie sollte ich mich am besten ernähren, um meiner Verantwortung gegenüber Natur und Tierwohl maximal gerecht zu werden?" wählen. Im Hinblick auf Eingrenzungen bezüglich des betrachteten Handlungsraums könnte beispielsweise die Frage „Wie kann ich am besten meine körperliche Fitness steigern?" durch Einschränkungen „im nächsten Jahr" oder „durch Übungen zu Hause" praktikabler gestaltet werden.

Einschränkungen reduzieren zwar wieder die eigentlich gewünschte Breite der Entscheidungsfrage. Allerdings handelt es sich um eine bewusst herbeigeführte und kontrollierte Reduzierung mit dem Ziel, die Entscheidungsfrage mit geringerem Aufwand lösbar zu machen und zu einem Ergebnis zu kommen, selbst wenn es nur ein Teilergebnis ist. Ihnen ist diese Eingrenzung somit sehr wohl bewusst, und Sie können in späteren Analysen mit anderen oder auch gänzlich ohne Eingrenzungen weiterarbeiten. Das Heft behalten Sie also in der Hand. Anders wäre es, wenn Sie im Falle eines unreflektierten Vorgehens gar nicht merken, dass die Entscheidungsfrage eng gewählt ist und Sie deshalb Entscheidungschancen verpassen. Hier haben Sie das Heft nicht in der Hand. Es werden Ihnen sozusagen die Entscheidungschancen ohne Ihr Einverständnis genommen.

**ENTSCHEIDUNGSFRAGEN LASSEN SICH IN VIELEN FÄLLEN DURCH GEEIGNETE EINSCHRÄNKUNGEN EINFACHER LÖSBAR FORMULIEREN.**

> *Auch Alex ist die zuletzt ausformulierte Entscheidungsfrage ein Stück weit zu allgemein geraten. Da er zum aktuellen Zeitpunkt noch nicht sein ganzes weiteres Leben auf den Prüfstand stellen will und da in drei Jahren für ihn ohnehin größere Änderungen anstehen, will er erstmal nur die nächsten drei Jahre planen, gleichwohl seinen Handlungsraum nicht nur am gewählten Job ausrichten. Am Ende entschließt er sich zu folgender Formulierung: „Wie kann ich in den nächsten drei Jahren mein Leben in beruflicher Sicht so gestalten, dass ich eine möglichst hohe Lebensqualität erreiche?"*

### Wie hilft das ENTSCHEIDUNGSNAVI in diesem ersten Schritt?

Das ENTSCHEIDUNGSNAVI unterstützt Sie bei der Formulierung der Entscheidungsfrage in mehreren Teilschritten. Zunächst werden Sie aufgefordert, in einem ersten Versuch eine Entscheidungsfrage zu formulieren. Sie können dann auf der Basis einer umfänglichen Liste von häufig genannten Lebensmotiven Ihr persönliches Werteprofil entwickeln und hierbei um eigene wichtige Motive ergänzen. Anschließend wird noch mit einigen Impulsfragen, wie auch in diesem Kapitel dargestellt, versucht, den Weg zu einer proaktiveren Formulierung zu ebnen. Abschließend können Sie Ihre ursprüngliche Formulierung der Entscheidungsfrage verändern und sich für eine breitere Variante entscheiden.

**Was Sie in diesem Kapitel gelernt haben:**

- Menschen reagieren meist nur auf Entscheidungsprobleme und verpassen somit Entscheidungschancen.
- Es gibt viele Momente am Tag, in denen theoretisch eine Entscheidungschance liegt, die aber ungenutzt bleibt.
- Ein reflektiertes Formulieren einer Entscheidungsfrage führt in der Regel dazu, dass die Frage recht offen und breit ausformuliert wird.
- Aus jeder Entscheidungsfrage muss deutlich hervorgehen, wer handelt und was mit der Entscheidung erreicht werden soll.
- Durch die Verwendung von „Wie"-, „Welche"-, „Wo"- oder „Wann"-Formulierungen entstehen breitere Formulierungen als bei einfachen Ja-Nein-Fragen.
- Entscheidungsfragen lassen sich in vielen Fällen durch geeignete Einschränkungen der Handlungsoptionen einfacher lösbar formulieren.

# 7

# SCHRITT 2: ENTWICKELN EINES ZIELSYSTEMS

In diesem zweiten Schritt müssen Sie Ihre Ziele in der Entscheidungssituation begrifflich genau ausformulieren. Bei der Entwicklung dieser entsprechenden Zielliste müssen Sie auf drei Punkte achten:

**Vollständigkeit**
Alle Zielaspekte, die für Sie von Bedeutung sind, müssen in der Liste berücksichtigt sein.

**Fundamentalität**
Jedes Ziel muss für sich gesehen und unabhängig von den anderen Zielen wichtig sein und sollte nicht nur ein Mittel zum Zweck darstellen.

**Praktikabilität**
Die Zielliste sollte überschaubar sein und eine möglichst gute Unterscheidung der Handlungsoptionen ermöglichen.

## VOLLSTÄNDIGKEIT

Bei der Aufstellung eines Zielsystems beginnen Sie damit, erst einmal relativ unstrukturiert alle Zielaspekte zu sammeln, die Ihnen in den Sinn kommen. Wir sprechen in diesem Schritt bewusst noch von Zielaspekten und nicht von Zielen, weil es noch nicht darauf ankommt, dass die Ziele jetzt schon exakt ausformuliert sind. Hierauf werden wir erst am Ende des Prozesses achten. Zunächst kommt es darauf an, alle relevanten Aspekte zu sammeln. Wichtig in diesem Schritt ist, dass wirklich nichts vergessen wird, d.h. alle relevanten Aspekte irgendwo auftauchen.

NUR WENN SIE ALLE ZIELE BERÜCKSICHTIGEN, KÖNNEN SIE DIE WIRKLICH BESTE ENTSCHEIDUNG FINDEN.

So einfach die Aufgabe klingen mag, zeigen Studien jedoch, dass Menschen bei der Zielformulierung Schwierigkeiten haben. In einer Entscheidungssituation findet man auf

Anhieb ohne Unterstützung häufig nur ungefähr die Hälfte der relevanten Ziele.[11] Auf die anderen Ziele kommt man erst, wenn man dabei konkret unterstützt wird. Es ist sinnvoll, den Brainstorming-Prozess mit folgenden Impulsfragen zu starten:

- Was ist für mich in der Entscheidungssituation wichtig?
- Was will ich erreichen?
- Wann bin ich zufrieden?
- In welchen Aspekten unterscheiden sich die Handlungsoptionen, die mir jetzt schon einfallen?
- Was stört mich am aktuellen Status quo?
- Welche allgemeinen Werte habe ich, die jetzt in dieser Situation von Bedeutung sein könnten?

Zusätzliche Unterstützung findet man in sogenannten Masterlisten, die eine Vielzahl von möglichen Zielen umfassen, die in der betreffenden Entscheidungssituation relevant sein könnten. Für wichtige private Lebensentscheidungen finden Sie im ENTSCHEIDUNGSNAVI eine entsprechende Liste, in die auch die Ziele vieler anderer Nutzer eingeflossen sind. Es ist jedoch sinnvoll, eine solche Masterliste erst nach den ersten eigenen Überlegungen heranzuziehen. Wenn Sie nämlich direkt nur aus der Masterliste die Ziele heraussuchen, die Sie für sich als relevant erachten, laufen Sie Gefahr, doch einzelne individuelle Aspekte zu übersehen. Denn auch eine Masterliste besitzt keine Garantie auf eine individuelle Vollständigkeit.

Darüber hinaus können auch Gespräche mit Freunden, Arbeitskollegen und Verwandten, die einen selbst oder die Entscheidungssituation gut kennen, helfen, noch vergessene Zielaspekte zu identifizieren.

> *Alex beschäftigt sich intensiv mit den obigen Impulsfragen. Dieser Schritt macht ihm sogar richtig Spaß. So weiß er, dass es in diesem Schritt nicht darauf ankommt, dass die Notizen, die er macht, alle*

*strukturiert und gut ausformuliert sein müssen. Aber er kann endlich mal alles auf Papier bringen, was in seinem Kopf herumschwirrt. Tatsächlich findet er in der Masterliste auch noch Aspekte, die ihm vorher nicht präsent waren, und sein bester Freund macht ihn auf etwas aufmerksam, das er vergessen hatte. Am Ende schaut er auf seine lange Liste, die etwas durcheinander erscheint, aber ziemlich viele Aspekte umfasst: Weniger Stress, Möglichkeit zum Homeoffice, Abwechslungsreichtum, gesellschaftlich Sinnvolles tun, geringerer Aufgabendruck, mehr Planbarkeit für Urlaube, auch mal zur Ruhe kommen, mehr Zeit für den Partner, sich mehr für die Umwelt einsetzen, etwas mehr Verantwortung im Job, Produktionsanlagen eigenständig entwerfen und optimieren, keine Handyerreichbarkeit am Wochenende, Lob vom Chef erhalten, gutes Verhältnis zu Arbeitskollegen, Weiterbildungen, weitere Sprache lernen, Kontakt zum alten Chef stärken, Anerkennung spüren, Arbeitgeber mit höherer Reputation, Verhandlungstechniken lernen, gute Kantine, Konferenzen besuchen, andere Kulturen erleben, Kenntnisse über neue Technologien, Gehaltssteigerungen, Freundschaften pflegen, Kino und Konzerte, Immobilienpreise am Arbeitsort, mehr Zeit zum Bouldern, vielleicht auch mal Bouldern unterrichten.*

Nachdem Sie nach dem beschriebenen Vorgehen hoffentlich ausreichend Ziele bzw. Zielaspekte gesammelt haben, besteht Ihre nächste Aufgabe darin, sich um die Fundamentalität des Zielsystems zu kümmern.

## FUNDAMENTALITÄT

Ein Fundamentalziel beschreibt ein Ziel, welches für sich betrachtet und unabhängig von anderen Zielen eine eigenständige Bedeutung hat. Für ein Instrumentalziel gilt das nicht. Ein Instrumentalziel wirkt sich lediglich positiv auf ein Fundamentalziel aus, hat aber keinen eigenständigen Wert. Dies lässt sich anschaulich an Rabatten erläutern, die wir alle gerne beim Einkaufen erhalten. Je höher der Rabatt, desto besser. Es scheint also, als wäre eine möglichst hohe Rabatthöhe ein relevantes Ziel in unserem Zielsystem. Aber warum ist die Rabatthöhe denn wichtig? Doch offensichtlich nur, um einen günstigeren Endpreis zu erhalten. Also ist dieser Endpreis unser Fundamentalziel. Die Rabatthöhe ist lediglich nur ein Instrument, um im Fundamentalziel ein gutes Ergebnis zu erreichen. Für sich betrachtet ist ein Rabatt ohne Wert. Von einem höheren Rabatt können Sie sich nämlich nichts kaufen, sondern nur von dem Geld, was Sie aufgrund des günstigeren Endpreises weniger zahlen müssen. Wenn Sie das noch nicht überzeugt, stellen Sie sich bitte einen gewitzten Händler vor, der einen sehr attraktiven Rabatt anbietet. Allerdings hat er im Gegenzug den Originalpreis völlig überhöht angesetzt. Sie erhalten also einen hohen Rabatt, haben aber trotzdem keinen günstigen Endpreis. Damit Sie nicht auf solche Beeinflussungsversuche der Anbieter hereinfallen, sollten Sie stets immer nur den Endpreis als Fundamentalziel in Ihrem Entscheidungskalkül berücksichtigen. Instrumentalziele, wie z. B. ein Rabatt, sollten Ihre Entscheidung nicht beeinflussen.

Sie merken also an diesem Beispiel, dass es wenig sinnvoll ist, Instrumentalziele im Zielsystem zu berücksichtigen. Wenn Sie die Fundamentalziele gut formuliert haben, bringen Instrumentalziele im Zielsystem nur Verwirrung, sie lenken vom Wesentlichen ab. Es dürfen deshalb nur Fundamentalziele in die Bewertung von Handlungsoptionen einfließen.

**IN EINEM REFLEKTIERTEN ZIELSYSTEM DÜRFEN NUR FUNDAMENTALE ZIELE BENANNT SEIN.**

Das genaue Formulieren von Fundamentalzielen ist nicht immer so einfach wie im Rabattbeispiel. Stellen Sie sich vor, Sie würden verschiedene Wohnungen bewerten, die Sie gerade von einem Makler präsentiert bekommen. Sie legen Wert darauf, dass die Wohnung nicht zu weit von Ihrer Arbeitsstätte entfernt ist. Dementsprechend formulieren Sie die „Entfernung zwischen Wohnung und

Arbeitsstätte" als ein Ziel. Zwar kann man dieses Ziel in Kilometern gut messen und zur Unterscheidung der Wohnungen verwenden, allerdings hat dieses Ziel für sich gesehen keinen Wert. Was Sie sicherlich interessiert, sind vielmehr die Fragen, (1) wie lange Sie von Ihrer Wohnung zur Arbeit benötigen, (2) wie angenehm dieser Weg ist und (3) welche Kosten dabei anfallen. Zwar wirkt sich die Entfernung in der Tendenz positiv auf alle drei Fundamentalziele aus, aber eben nur in der Tendenz. Eine weit entfernte Wohnung mit einer schnellen und angenehmen Zuganbindung ist nun mal wahrscheinlich besser als eine deutlich nähere Wohnung, bei der Sie nur das Auto nehmen können, im täglichen Stau stehen müssen und zu allem Überdruss auch noch länger unterwegs sind. Das Ziel „Entfernung" ist nur ein Instrumentalziel und auch nicht unabhängig von anderen Zielen zu bewerten. Ein gutes Zielsystem würde die Fundamentalziele „Dauer des Arbeitsweges", „Komfort auf dem Weg" und „Kosten" umfassen.

Dass eine Unterscheidung zwischen Fundamental- und Instrumentalziel auch recht schwierig sein kann, soll das nächste Beispiel zeigen. Viele große Unternehmen formulieren mittlerweile in ihren Unternehmenszielen, dass sie ihre $CO_2$-Bilanz verbessern wollen. Niedrige $CO_2$-Emmissionen führen dazu, dass weniger $CO_2$-Zertifikate erworben werden müssen und damit Kosten gespart werden. Zugleich ist aber auch ein positiver Imageeffekt zu erwarten, der sich wiederum günstig auf die Verkaufszahlen auswirken könnte. Das Ziel „möglichst gute $CO_2$-Bilanz" hat also hier einen offensichtlich instrumentalen Charakter. Allerdings könnte es trotz allem auch ein Fundamentalziel sein, wenn es das Unternehmen aus Überzeugung als eigenständigen Wert ansieht, sich für den Klimaschutz einzusetzen. Das würde dann zutreffen, wenn das Unternehmen auch bereit wäre, Einbußen beim Gewinn in Kauf zu nehmen, um die $CO_2$-Bilanz zu verbessern. Ob das so ist oder nicht, dürfte für Außenstehende nicht immer leicht zu erkennen sein.

An diesem Beispiel werden zwei Dinge deutlich. Zum einen, dass sich ein Fundamentalziel sehr wohl auch positiv auf ein anderes Fundamentalziel auswirken darf (niedrige $CO_2$-Bilanz → Kosten), ohne dass es die Fundamentalität verliert. Es muss jedoch auch ohne diese Auswirkungen als eigenständiger Wert aufgefasst werden können. Zum anderen, dass es nicht immer einfach ist, Fundamentalziele eindeutig zu identifizieren und Instrumentalziele zu entlarven.

Obwohl Instrumentalziele in einem reflektierten Zielsystem keinen Platz haben, sind sie es, die von Personen ganz überwiegend genannt werden, wenn man sie nach ihren Zielen in einer Entscheidungssituation fragt. Das liegt daran, dass die genannten Ziele – wie in obigen Beispielen – häufig in gewisser Weise naheliegende Kriterien zur Bewertung der Handlungsoptionen darstellen. Eine genauere Analyse, was sich hinter diesem Ziel verbirgt, findet regelmäßig eben nicht statt. Es gehört deshalb zu einer reflektierten Vorgehensweise, alle genannten Ziele, soweit sie noch nicht fundamental sind, in die dahinterliegenden Fundamentalziele zu überführen. Wie man hierbei vorgehen kann, machen wir in den nächsten Abschnitten klar.

## Ziele mit der „Warum"-Methode hinterfragen

Die „Warum"-Methode besteht darin, sich jedes genannte Ziel einzeln vorzunehmen und zu fragen: „Warum ist mir dieses Ziel wichtig?" Hierbei muss die Frage nicht wörtlich in dieser Weise so formuliert sein, ähnliche Formen wie „Auf was kommt es mir im Kern bei diesem Ziel an?" sind ebenso möglich. Wichtig ist nur, Mittel-Zweck-Beziehungen bei den im Kern interessierenden Zielen aufzudecken und die Zielaspekte dann anschließend fundamentaler zu formulieren.

Beim Rabattbeispiel wäre beispielsweise die Frage zu beantworten: „Warum ist es wichtig, einen hohen Rabatt zu bekommen?" Ihre Antwort würde vermutlich lauten, dass Sie das Produkt – sagen wir z. B. einen Saugroboter – möglichst billig erwerben wollen. In diesem Fall wäre, wie eben schon begründet, offenbar der Endpreis eine geeignetere, funda-

**MIT DER FRAGE „WARUM IST MIR DAS ZIEL WICHTIG?" WERDEN MÖGLICHE INSTRUMENTALITÄTEN VON ZIELEN AUFGEDECKT UND ANSÄTZE ZUR FUNDAMENTALEREN FORMULIERUNG GEGEBEN.**

mentalere Formulierung und der Rabatt nur ein Instrumentalziel. Aber Vorsicht: So einfach ist die „Warum"-Methode nicht. Denn es kann sein, dass der Rabatt zwar in einer Mittel-Zweck-Beziehung zum Gesamtpreis steht, aber trotzdem noch einen eigenen Wert für Sie besitzt. Es muss sich somit die Frage anschließen, ob Sie bei zwei Saugrobotern, die denselben Endpreis aufweisen, aber mit unterschiedlichen Rabatten angeboten werden, dem Rabatt noch irgendeine Relevanz zusprechen oder dieser dann völlig egal wäre. Gilt Letzteres, ist der Rabatt ein reines Instrumentalziel, welches dann definitiv nicht in ein fundamentales Zielsystem gehört.

Was aber, wenn der Rabatt auch bei einem identischen Endpreis noch von Bedeutung ist? Tatsächlich dürfte es gar nicht so selten sein, dass Menschen bei zwei Produkten mit identischem Gesamtpreis, sagen wir 300 €, dem Produkt den Vorzug geben, welches vielleicht von 400 € auf 300 € heruntergesetzt wurde, d. h. einen Rabatt von 100 € aufweist, während das andere Produkt möglicherweise sogar gar keinen Rabatt hat. In diesem Fall führt ein weiteres Hinterfragen des Rabattes schnell zur Aufdeckung der Annahme, mit dem rabattierten Produkt ein qualitativ besseres Produkt zu erwerben. „Denn es hat ja schließlich mehr gekostet, also wird es auch besser sein", denkt man schnell. Unabhängig davon, ob diese Denkweise gerechtfertigt ist oder nicht, wird durch dieses wiederholte Hinterfragen deutlich, dass auch hier der Rabatt wieder nur in einer Mittel-Zweck-Beziehung zum fundamentaleren Ziel, und zwar der angenommenen Produktqualität, steht.

Im Endeffekt besteht in diesem Beispiel das reflektierte Zielsystem aus zwei Zielen: dem Gesamtpreis und der Produktqualität. Ob aus der Rabattstellung tatsächlich eine höhere Produktqualität abgeleitet werden kann und das rabattierte Produkt vorteilhaft zu bewerten wäre, ist zwar eine berechtigte Frage, bei der Formulierung von Zielen ist sie jedoch noch ohne Relevanz. Hierüber wird erst im vierten Schritt, und zwar bei den Ergebnisabschätzungen, diskutiert werden müssen.

Auch wenn es in diesem Beispiel noch relativ einfach schien, das Zielsystem mit den genannten zwei Zielen fundamental auszuformulieren, stellt das Hinterfragen von Zielen in komplexeren Entscheidungsfragen eine größere Herausforderung dar. So verlangt das Hinterfragen und Reflektieren der Ziele, sich in hypothetischen Gedankenspielen zu bewegen, wie wir es hier nur exemplarisch an einem einfachen Beispiel verdeutlicht haben.

**Mit Zielhierarchien eine übersichtliche Struktur erzeugen**

Es ist sinnvoll, im Zuge der Anwendung der „Warum"-Methode parallel die noch ungeordnete Liste sukzessiv in eine übersichtliche Struktur zu überführen. Zu diesem Zweck bietet sich der Einsatz eines Tools an, mit dem Sie Ihre Ziele in einer Zielhierarchie strukturieren können. Vielleicht haben Sie schon einmal mit entsprechenden Mindmapping-Programmen gearbeitet. Im Internet gibt es sogar einige kostenlose Angebote, mit denen wir selbst lange Zeit gearbeitet haben. Mittlerweile haben wir aber diese Funktionalität in das Entscheidungsnavi implementiert, sodass wir (und Sie) die anderen Tools nicht mehr benötigen. In einer Zielhierarchie finden sich die Fundamentalziele auf der ersten Hierarchieebene, und darunter werden die jeweils umfassten Zielaspekte immer weiter in Teilziele aufgeschlüsselt. Diese Teilziele können inhaltliche Teilaspekte des jeweils übergeordneten Ziels darstellen oder auch Instrumentalziele für dieses Ziel. Es kommt bei der Nennung dieser Teilziele hauptsächlich darauf an, die wichtigsten Zusammenhänge transparent zu machen, um ein besseres Gesamtverständnis der eigenen Ziele zu erlangen.

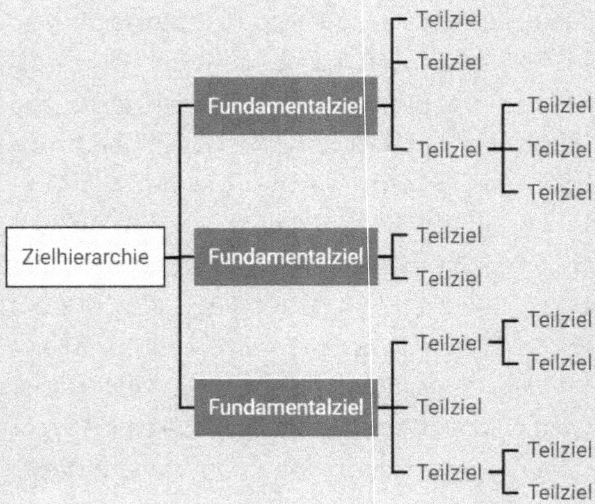


Abbildung 16: Grundsätzlicher Aufbau einer Zielhierarchie

Das Entwickeln einer solchen Zielhierarchie aus der noch unstrukturierten Auflistung aller Zielaspekte ist ein herausfordernder Teilschritt. Sie müssen die gesamte Liste durchgehen, Zielaspekt für Zielaspekt mit der „Warum"-Methode hinterfragen, nach Abhängigkeiten suchen und auf der Basis der Erkenntnisse sukzessive die Hierarchie weiter aufbauen. Hierbei werden Sie treffende fundamentale Formulierungen suchen, schon genannte Zielaspekte weiter konkretisieren und ergänzen, einzelne Verzweigungen in einen anderen Ast verschieben, zwischenzeitlich Überholtes wieder löschen, ständig überlegen, und zwar alles so lange, bis Sie das Ergebnis zufriedenstellt. Dies kann schon eine Weile dauern und wird nicht immer im ersten Anlauf klappen. Häufig ist es dabei auch gut, einfach mal darüber zu schlafen, es sich am nächsten Tag noch einmal anzuschauen und dann weiterzumachen.

> *Auch Alex erkennt sofort, dass es nicht einfach ist, eine solche Hierarchie aufzustellen. Aber er möchte diesen Prozess einmal ganz alleine durchziehen. Im Endeffekt benötigt auch er ein paar*

*Anläufe, aber er gelangt letztlich zu einem zufriedenstellenden Ergebnis. Das folgende Bild zeigt seine fertige Zielhierarchie, in die er alle Aspekte aus dem Brainstorming einordnen konnte.*
*Alex hatte bei der Erstellung der Hierarchie versucht, erst einmal sehr grob alle Ziele nach den Lebensmotiven zu strukturieren, über die er sich im ersten Schritt so viele Gedanken gemacht hatte: Sozialkontakte, Sicherheit, Gesundheit, Selbstwirksamkeit und Sinn.*
*Bei „Sinn" funktionierte dies ausgezeichnet. Dieses Ziel hat er schnell als geeignetes Fundamentalziel anerkannt, und zwar mit offensichtlichen Verzweigungen zu zwei genannten Aspekten aus dem Brainstorming. Das Lebensmotiv „Sozialkontakte" formulierte er zu „soziale Bindungen" um, weil er der Intensität der Kontakte noch mehr Bedeutung beimessen wollte. Ähnlich wurde aus der „Selbstwirksamkeit" die Formulierung „Kompetenzgefühl", weil das seiner Meinung nach die untergeordneten Punkte besser beschreibt.*
*Interessant fand Alex, dass „Gesundheit" nicht als eigenständiges Fundamentalziel auftritt, obwohl er dieses Ziel bei den Lebensmotiven so wichtig angesehen hat. Bei der Anwendung der „Warum"-Methode wurde Alex klar, dass ihn nicht jeder Mangel in seiner Gesundheit wirklich beeinträchtigt. Eine chronische Stoffwechselkrankheit, die sehr gut mit Medikamenten einstellbar ist und auch keine Einschränkungen ansonsten mit sich bringt, wäre beispielsweise für ihn kein Verlust der Lebensqualität. Ihn würden aber gesundheitliche Einschränkungen stören, wenn diese sein Wohlbefinden reduzieren oder ihn daran hindern, seinen sportlichen Leidenschaften nachzukommen. Besonders kritisch wären natürlich gesundheitliche Einschränkungen, die ihn erwerbsunfähig machen und somit sein Einkommen nicht mehr gesichert wäre. In allen diesen Fällen ist jedoch die Gesundheit nur ein Instrumentalziel und insofern auf einem unteren Ast in der Hierarchie einzuordnen.*

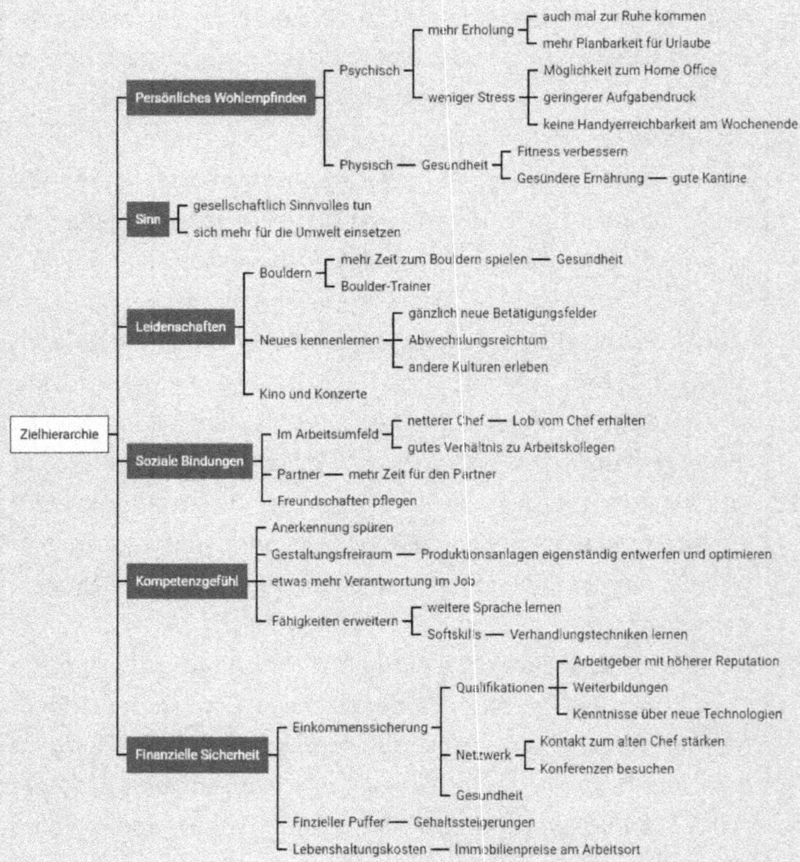


Abbildung 17: Die Zielhierarchie von Alex

*Etwas komplexer gestalteten sich die Zusammenhänge rund um alle finanziellen Aspekte. So erkannte Alex, dass beim Beruf weniger die „Einkommenshöhe" im Vordergrund steht, sondern eher der Wunsch nach „erhöhter Einkommenssicherheit". Dieses Ziel hatte er auch schon zwischenzeitlich als Fundamentalziel aufgeführt, stellte dann jedoch fest, dass es nicht unabhängig vom Ziel ist, einen „finanziellen Puffer" zu haben. Je größer der Puffer nämlich ist, desto unwichtiger wäre die Einkommenssicherheit. Inso-*

> *fern hatte er sich entschlossen, diese beiden Ziele und zugleich auch die „Lebenshaltungskosten" mit ähnlicher Argumentation unter das Ziel „finanzielle Sicherheit" zu fassen.*

## PRAKTIKABILITÄT

Neben der Fundamentalität müssen Sie auch noch auf die Praktikabilität des Zielsystems achten, denn Sie müssen mit den formulierten Zielen in den nächsten Schritten noch weiterarbeiten. Mit ein wenig Erfahrung können Sie das schon während der Aufstellung der Zielhierarchie berücksichtigen, ansonsten müssen Sie an dieser Stelle gegebenenfalls etwas nachbessern. Praktikabilität hängt von drei Punkten ab.

Erstens sollte die Anzahl an formulierten Fundamentalzielen nicht zu groß werden. Eine optimale Anzahl von Zielen gibt es zwar nicht, aber wir empfehlen, mit vier bis sieben Zielen auszukommen. So hatte schon der Psychologe George A. Miller 1956 in seiner viel zitierten Forschungsarbeit zum Kurzzeitgedächtnis gezeigt, dass sich Menschen nur ca. sieben Informationseinheiten gut merken können. Alles, was über diese Millersche Zahl hinausgeht, wird also sehr schnell unübersichtlich. Und das gilt auch für Entscheidungen. Versuchen Sie also, unter dieser Grenze zu bleiben. Sie ersparen sich im Übrigen auch einige Arbeit in den Nachfolgeschritten, wenn es nicht so viele Ziele sind.

Zweitens müssen die Ziele gut geeignet sein, um die Unterschiede in den Handlungsoptionen möglichst klar und transparent darstellen zu können. Es bringt also auch nichts, durch konsequentes Hinterfragen nach den fundamentalen Hintergründen das Zielsystem auf nur noch ein oder zwei abstrakte Fundamentalziele zu reduzieren. Sie müssen nämlich im Hinterkopf haben, dass Sie in späteren Schritten für jedes Ziel eine Skala finden müssen, um das Ziel gut zu messen. Wenn ein Ziel so abstrakt formuliert ist, dass dies nicht gut möglich ist, sollten Sie es schon jetzt genauer konkretisieren bzw. in Teilziele aufsplitten. Hierbei sollten Sie aber auch den sogenannten Splitting-Bias im Hinterkopf behalten. Wenn nämlich ein Ziel in mehrere eigenständige Fundamentalziele aufgesplittet wird, so neigen Menschen bei der Zielgewichtung dazu, allein durch dieses Splitting die Bedeutung dieses Zieles relativ zu den anderen Zielen zu hoch anzusetzen. Insofern sollte eine Aufschlüsselung von Zielen immer ausgewogen erfolgen.

**EIN ZIELSYSTEM IST PRAKTIKABEL, WENN ES TROTZ UMFASSENDER BERÜCKSICHTIGUNG ALLER ASPEKTE NOCH ÜBERSICHTLICH BLEIBT UND SIE GUT DAMIT IN DEN WEITEREN SCHRITTEN ARBEITEN KÖNNEN.**

Drittens sollten Sie auch auf eine exakte Formulierung der Ziele achten, die keinen Raum für unterschiedliche Interpretationen zulässt. Auch wenn Sie ein paar Tage Ihr Zielsystem nicht mehr anschauen, sollten Sie danach aus der Formulierung direkt wieder entnehmen können, wie Sie dieses Ziel genau gemeint haben. Auch wenn Sie anderen Personen Ihre Ziele nennen, sollten hier keine Missverständnisse aufkommen können.

> *Bei der Überprüfung auf Praktikabilität denkt Alex zunächst darüber nach, ob er „Leidenschaften" und „Sinn" zusammenfassen könnte, um die Hierarchie noch etwas zu vereinfachen. Schließlich beschreiben beide Kategorien letztlich Tätigkeiten, die ihm in ähnlicher Form eine persönliche Zufriedenheit bescheren. Auch „Wohlempfinden", „Soziale Bindungen" und „Kompetenzgefühl" könnte er zusammenfassen, da diese Ziele alle letztlich eine verwandte Dimension der Lebenszufriedenheit abbilden. Alex merkt jedoch in seinen Überlegungen, dass er in einem solchen Fall sicherlich Schwierigkeiten haben wird, seine Handlungsoptionen, die ihm teilweise schon im Kopf herumschwirren, gut messbar zu unterscheiden. Da er mit seinen sechs Zielen auch unter der magischen Zahl von sieben bleibt, lässt er die*

*Zielhierarchie in dieser Form bestehen. Im Übrigen hat er nach den gesamten Überlegungen diese sechs Fundamentalziele schon gut verinnerlicht und ertappt sich, dass er auch in seinen Gesprächen mit Freunden über das Thema immer wieder auf diese Formulierungen zurückkommt. Ihm ist jetzt definitiv klar, was er eigentlich erreichen möchte, und kann dies eben auch klar auf den Punkt bringen.*
*Er sieht jedoch ein, dass er die sehr kurzen Formulierungen, die er in der Hierarchie gewählt hat, besser noch etwas konkretisieren sollte. Insofern beendet er den gesamten zweiten Schritt mit folgendem nun sehr klar ausformuliertem Zielsystem:*

1. *Möglichst hohes eigenes Wohlempfinden.*
2. *Möglichst viel Sinnhaftigkeit in meinen Tätigkeiten.*
3. *Möglichst umfängliche Freude an meinen Leidenschaften.*
4. *Möglichst viele und wertvolle soziale Bindungen.*
5. *Möglichst ausgeprägtes Gefühl der eigenen Kompetenz.*
6. *Möglichst hohe finanzielle Sicherheit.*

## Wie hilft das Entscheidungsnavi in diesem zweiten Schritt?

Das Entscheidungsnavi unterstützt Sie bei der Entwicklung der Fundamentalziele entsprechend der hier vorgestellten Vorgehensweise zunächst mit einem umfänglichen Brainstorming. Sie können sehr unstrukturiert erstmal alles eintippen, was Ihnen als möglicher entscheidungsrelevanter Aspekt in den Sinn kommt. Hierbei wird auch eine Masterliste von Zielen präsentiert, aus der Sie noch übersehene Aspekte hinzufügen können. Die gesamte Liste können Sie dann mit einer grafischen Benutzeroberfläche in Form einer Zielhierarchie übersichtlich strukturieren. Hierbei können Sie – wie oben beschrieben – die Warum-Methode anwenden und beim Aufbau der Zielhierarchie die Fundamentalität der Ziele erhöhen. Zuletzt können Sie noch jedes Ziel der finalen Liste mit zusätzlichen Erläuterungen versehen, damit Sie in späteren Schritten immer genau wissen, wie Sie das Ziel verstanden haben wollen.

**Was Sie in diesem Kapitel gelernt haben:**

- Nur mit einem vollständigen Zielsystem kann die beste Entscheidung gefunden werden.
- Eine Berücksichtigung von Instrumentalzielen in einem Zielsystem kann zu Fehlentscheidungen führen.
- Die „Warum"-Methode hilft durch Aufdecken von Mittel-Zweck-Beziehungen Instrumentalziele zu identifizieren.
- Um in den weiteren Schritten mit dem Zielsystem gut arbeiten zu können, muss das Zielsystem übersichtlich bleiben und die Ziele müssen klar und messbar formuliert sein.
- Eine Zielhierarchie hilft, den Überblick zu behalten.

# 8

# SCHRITT 3: IDENTIFIZIEREN ALLER HANDLUNGSOPTIONEN

Nach einer groben Eingrenzung Ihres Handlungsraums durch die Formulierung der Entscheidungsfrage sollen Sie in diesem dritten Schritt eine konkrete Liste Ihrer Handlungsoptionen erstellen. Hierbei müssen Sie auf drei Punkte achten:

**Kreativität**
Es sollten neue, attraktive Handlungsoptionen identifiziert werden.

**Umfassende Abbildung des Handlungsraums**
Der mögliche Handlungsraum sollte in seiner ganzen Breite Eingang in die Liste finden.

**Praktikabilität**
Die Liste sollte überschaubar und zugleich repräsentativ für den Handlungsraum sein.

## KREATIVITÄT

Bei der Auflistung aller Handlungsoptionen ist es wichtig, möglichst umfassend alle Möglichkeiten in das Kalkül zu ziehen. Dies setzt jedoch eine Denkweise voraus, die nicht gerade typisch für uns Menschen ist. Denn auch an dieser Stelle greift wieder das bekannte WYSIATI-Phänomen. Wir betrachten die Welt in einem Bilderrahmen, bei dem leider nur das Naheliegende im Fokus steht und viele attraktive Handlungsoptionen buchstäblich aus dem Rahmen fallen.

Dies belegt auch eine Studie unserer Forscherkollegen Ralph Keeney und Johannes Siebert.[12] Deren Probanden waren Studierende, die sich über die Ausgestaltung ihres anstehenden Praktikums Gedanken machen sollten. Sie sollten sich hierbei mögliche Optionen zunächst selbst ausdenken, wobei die Vollständigkeit dann später überprüft wurde. Im Durchschnitt überlegten sie sich zunächst sieben Handlungsoptionen.

Aus einer ihnen anschließend vorgelegten Masterliste von weiteren möglichen Optionen kreuzten sie aber darüber hinaus mehr als elf als ebenfalls relevant an. Erstaunlich an der Studie ist nicht nur die Beobachtung, dass nur so wenig Optionen selbst erkannt wurden, sondern dass die Mehrheit der Probanden die Option übersah, die sie im Endeffekt am besten fanden. Bei mehr als der Hälfte stand diese beste Option nicht auf der ersten Liste mit den eigenen Ideen, bei knapp einem Viertel traf dies sogar für die besten drei Optionen zu.

Es wird also deutlich, auf was es bei einem reflektierten Vorgehen in diesem dritten Schritt, der Formulierung von Handlungsoptionen, im Kern ankommt: Es ist das bewusst kreative Herangehen, um neue und bessere Handlungsoptionen als die offensichtlichen zu finden.

**REFLEKTIERTES VORGEHEN BEDEUTET, KREATIV NEUE ATTRAKTIVE HANDLUNGSOPTIONEN ZU ENTWICKELN.**

Eine Quelle zur Identifikation neuer Handlungsoptionen hatten wir im Beispiel der erfahrenen Oberärztin im Kapitel 4 schon präsentiert. Es ist das Erfahrungswissen der Ärztin, welches sie über ihre Intuition anzapfen konnte. Überlegen also auch Sie, ob Sie für Ihre Entscheidungssituation aus Ihren gemachten Erfahrungen möglicherweise Ideen hervorzaubern können, welche Maßnahmen schon einmal in einem ähnlichen Kontext gut funktioniert haben und vielleicht auch als Handlungsoption in der aktuellen Entscheidung infrage kämen.

Eine wichtige Stütze, um neue Handlungsoptionen zu entdecken, liefert allerdings auch schon der erste Schritt des reflektierten Entscheidungsprozesses durch eine breite Formulierung der Entscheidungsfrage. So wird bei einer eng formulierten Ja-Nein-Entscheidungsfrage keine Kreativität gefördert. Formulieren Sie hingegen die Frage in einer Form, wie (!) man irgendetwas am besten erreichen kann, sieht das schon ganz anders aus. Allein die Formulierung ist dann als Aufforderung zu verstehen, die Scheuklappen zu entfernen und die Kreativität anzufeuern.

Eine wahllose Kreativität beim Finden neuer Handlungsoptionen kann jedoch auch nicht sinnvoll sein. Denn die in diesem Fall entstehenden Optionen würden nur zufällig auch zu Vorteilen gegenüber den naheliegenden Optionen führen. Insofern bietet es sich an, die Kreativität gezielt auf die Aspekte zu lenken, auf die es im Kern ankommt. Und dies sind die im zweiten Schritt des reflektierten Entscheidungsprozesses gründlich überdachten fundamentalen Ziele.

Zu diesem Zweck bieten sich drei Methoden an, die im Rahmen einer reflektierten Entscheidung zum Einsatz kommen können.

### Methode 1: Zielfokussierte Schwachpunktanalyse

Diese Methode setzt voraus, dass Sie schon Handlungsoptionen haben, die Sie grundsätzlich in Erwägung ziehen, aber mit denen Sie noch nicht zufrieden sind. Erstellen Sie eine Tabelle und schreiben Sie alle Handlungsoptionen untereinander in die erste Spalte. Halten Sie zudem die Fundamentalziele bereit, die Sie im letzten Schritt ausformuliert haben. Nun gehen Sie Zeile für Zeile einzeln durch. Überlegen Sie sich dabei jeweils, in welchem Fundamentalziel die jeweilige Option besonders nachteilig ist: Bei welchem Fundamentalziel sind Sie am wenigsten zufrieden? Dieses Ziel tragen Sie entsprechend neben die Option ein. Nun suchen Sie nach Möglichkeiten, wie Sie die betrachtete Option in irgendeiner Form verändern, modifizieren oder erweitern können, sodass dieser Schwachpunkt reduziert wird. Notieren Sie sich Ihre Ideen in der letzten Spalte.

*Alex stellt wie beschrieben die Tabelle auf und trägt seine beiden bisherigen Handlungsoptionen, bei MAINCO zu bleiben oder zu ENGINEERTECH zu wechseln, in die erste Spalte ein. Er sieht im Grunde zwei größere Schwachpunkte, wenn er ohne Veränderungen in seinem bisherigen Unternehmen bleibt. Was ihn spontan am meisten an seiner aktuellen Position stört, ist der Stress und dass er nie zur Ruhe kommt. Immer liegt etwas an, und es muss zügig fertig werden. Insofern benennt er das fehlende Wohlempfinden als Schwachpunkt. Eine Idee, dies abzufedern, könnte darin liegen, einfach mal mit einem Sabbatical eine Pause einzulegen. Dies würde ihm sicherlich guttun. Rein finanziell könnte er sechs Monate sicherlich auch gut stemmen. Seine Gesundheit sollte ihm dies wert sein, glaubt er.*

*Einen zweiten Schwachpunkt sieht er in einem fehlenden Gefühl, dass er mit seiner Kompetenz etwas bewirken kann. Gerne würde er den Stress ertragen, wenn er doch wenigstens auch mehr Verantwortung übernehmen und mehr selbst entscheiden könnte. Insofern kommt er auf die Idee, mit einem selbstbewussten Auftritt bei seinem Chef zumindest zu versuchen, einen eigenen Verantwortungsbereich einzufordern.*

*Im Hinblick auf seinen angedachten Wechsel zu ENGINEERTECH stört ihn am meisten die hohe finanzielle Unsicherheit. Wie bei jedem Wechsel könnte es sein, dass er in der Probezeit seinen Job verliert und so schnell nichts gutes Neues bekommt. Allerdings hat er keine Idee, wie man das gut abfangen könnte. Seine Handlungsoptionen lauten jetzt:*

*1. MAINCO (wie bisher)*
*2. ENGINEERTECH*
*3. MAINCO mit eingeschobenem Sabbatical*
*4. MAINCO mit eigenem Verantwortungsbereich*

| BETRACHTETE HANDLUNGS-OPTIONEN | IN WELCHEM FUNDAMENTALZIEL LIEGEN GRÖSSERE SCHWACHPUNKTE? | WAS KÖNNTE EINE DIESBEZÜGLICH VERBESSERTE HANDLUNGSOPTION SEIN? |
|---|---|---|
| MAINCO (WIE BISHER) | „MÖGLICHST HOHES EIGENES WOHLEMPFINDEN“ | MAINCO MIT EINGESCHOBENEM SABBATICAL |
| | „MÖGLICHST AUSGEPRÄGTES GEFÜHL DER EIGENEN KOMPETENZ“ | MAINCO MIT EIGENEM VERANTWORTUNGS-BEREICH |
| ENGINEERTECH | „MÖGLICHST HOHE FINANZIELLE SICHERHEIT“ | ? |

Abbildung 18: Schwachpunktanalyse zur Entwicklung neuer Handlungsoptionen

### Methode 2: Alle Ziele einzeln optimieren

Im Gegensatz zur ersten Methode verändern Sie bei dieser zweiten Methode keine schon bekannten Handlungsoptionen, sondern entwickeln gänzlich neue. Und zwar schreiben Sie diesmal zunächst alle Fundamentalziele in die erste Spalte einer Tabelle untereinander auf. Gehen Sie dann alle Ziele einzeln durch und überlegen Sie, wie Sie bezogen auf dieses Ziel ein sehr gutes Ergebnis erreichen könnten. Was fällt Ihnen hierzu ein? Denken Sie dabei nicht daran, dass Ihre Idee aus irgendeinem Grund schwierig umzusetzen ist oder welche großen Nachteile sie mit sich bringen würde. Nein, sammeln Sie kräftig und versuchen Sie, wirklich offen dabei zu bleiben und nichts von vornherein auszuschließen. Wenn Sie das für alle Fundamentalziele getan haben und Ihnen nichts mehr einfällt, schauen Sie sich Ihre Ideen an und überlegen, ob Sie einige dieser Ideen in irgendeiner Form zu neuen Handlungsoptionen kombinieren können.

*Auch Alex begibt sich an diese zweite Methode und schreibt alle sechs Ziele in die linke Spalte. Das Sammeln der Ideen für die rechte Spalte erinnert ihn etwas an das Brainstorming im letzten Schritt. Tatsächlich kann er sogar das eine oder andere Instrumentalziel aus seiner Zielhierarchie als Idee mit aufführen, wie z. B. das Homeoffice oder den Boulder-Trainer. Insgesamt schafft er es, zwölf Ideen zu notieren, wobei für jedes Ziel mindestens eine Idee dabei ist.*

*Bei der Kombination von Ideen zu neuen eigenständigen Handlungsoptionen tut er sich wiederum etwas schwer. Viele Ideen passen einfach überhaupt nicht zusammen. Aber ein paar Kombinationen scheinen tatsächlich möglich zu sein.*

*Die Ideen, in der Entwicklungshilfe tätig zu sein und gleichzeitig einmal eine eigene Anlage (z. B. eine solarthermische Wasserdesinfektionsanlage) konzipieren zu können, könnte er beispielsweise ganz gut kombinieren. Wenn er dies nicht über eine Hilfsorganisation wie* Ingenieure ohne Grenzen *umsetzen könnte, käme möglicherweise auch eine Finanzierung über ein Crowdfunding infrage. Charmant findet er auch die Vorstellung, ein Start-up mit zwei guten Freunden zu gründen, um an einer Technologieentwicklung weiterzuarbeiten, die zum Klimaschutz beitragen könnte.*

| FUNDAMENTALZIELE | WELCHE IDEEN HABE ICH, UM IN DIESEM ZIEL GUTE ERGEBNISSE ZU ERZIELEN ? |
|---|---|
| „MÖGLICHST HOHES EIGENES WOHLEMPFINDEN“ | • HOMEOFFICE<br>• TEILZEIT |
| „MÖGLICHST VIEL SINNHAFTIGKEIT IN MEINEN TÄTIGKEITEN“ | • ENTWICKLUNGSHILFE<br>• KLIMASCHUTZENGAGEMENT<br>• BRENNPUNKTPROJEKTE |
| „MÖGLICHST UMFÄNGLICHE FREUDE AN MEINEN LEIDENSCHAFTEN“ | • BOULDER-TRAINER<br>• FITNESS |
| „MÖGLICHST VIELE UND WERTVOLLE SOZIALE BINDUNGEN“ | • GEMEINSAME PROJEKTE MIT FREUNDEN |
| „MÖGLICHST AUSGEPRÄGTES GEFÜHL DER EIGENEN KOMPETENZ“ | • ANLAGE EIGENSTÄNDIG KONZIPIEREN UND OPTIMIEREN<br>• EIGENER CHEF WERDEN |
| „MÖGLICHST HOHE FINANZIELLE SICHERHEIT“ | • VERBEAMTUNG<br>• START-UP |

Abbildung 19: Zielorientierte Entwicklung neuer Handlungsoptionen

*Bei seinen Leidenschaften für Bouldern und Fitness sieht er ebenfalls Kombinationsmöglichkeiten. So wäre eine Teilzeitposition bei Mainco mit einem Engagement als Boulder-Trainer, z. B. an zwei Tagen in der Woche, durchaus vorstellbar und sogar auch realistisch. Um zusätzlich noch mehr Sinn in seine Tätigkeiten zu bringen, könnte er sich alternativ zum Bouldern für ein Boxtraining für Brennpunkt-Jugendliche an mehreren Nachmittagen in der Woche einbringen.*

*Zwar ist er noch etwas skeptisch, ob sein Arbeitgeber bei seinen Teilzeitideen mitspielt. Aber Proaktivität geht nun mal auch damit einher, dass man unkonventionell denken darf und nicht zu schnell aufgibt. Außerdem findet er ja möglicherweise auch noch Ansätze, um dies seinem Arbeitgeber schmackhaft zu machen. Am Ende seiner Überlegungen ergänzt er seine bisherigen Handlungsoptionen um vier weitere und erhält:*

5. *Entwicklungsprojekt mit Crowdfunding*
6. *Start-up mit Freunden und Klimaschutzprojekt*
7. *Teilzeit bei Mainco und Boulder-Trainer*
8. *Teilzeit bei Mainco und Boxtraining für Brennpunkt-Jugendliche*

## Methode 3: Die Ideallösung

Diese dritte Methode eines zielfokussierten Brainstormings ähnelt der zuletzt vorgestellten. Der Unterschied besteht lediglich darin, dass man nicht alle Ziele einzeln durchgeht und zunächst isoliert Ideen sammelt. Vielmehr fällt man bei dieser Methode direkt mit der Tür ins Haus. Und zwar sollen Sie sich vorstellen, dass Sie einen Zauberer treffen und sich eine ideale Handlungsoption herbeiwünschen könnten. Wie sähe die genau aus? Nehmen Sie sich etwas Zeit und beschreiben Sie das, was sich in Ihren Wünschen abspielt.

Dass Sie diese Lösung nicht umsetzen können, ist eher wahrscheinlich. Aber darauf kommt es nicht an. Sie soll Ihnen vielmehr Gedankenimpulse geben, denn vielleicht gibt es Modifikationen dieser idealen Lösung, die tatsächlich umsetzbar wären. Überlegen Sie sich deshalb, woran es denn liegt, dass eine solche Lösung nicht funktioniert. Wo liegen die genauen Knackpunkte oder Konflikte? Vielleicht fällt Ihnen hierbei auf, an welchen Stellen Sie etwas drehen müssten, damit die Ideallösung möglicherweise mit nur geringen Abstrichen doch noch umsetzbar wird.

*Gerne empfängt Alex zumindest gedanklich den Zauberer und beschreibt ihm, was er sich wünschen würde. Eigentlich würde er gerne bei Mainco bleiben, denn mit seinen Kollegen versteht er sich wirklich gut und finanziell ist er dort auch gut abgesichert. Aber inhaltlich findet er die Start-up-Idee faszinierend und würde sich vom Zauberer wünschen, dass man dies alles kombinieren könnte. Überlegungen, mit welchen Abstrichen man diese Ideallösung möglicherweise umsetzen könnte, führen Alex zu der Idee, dass es kein Start-up sein müsste, welches er komplett in eigener finanzieller Verantwortung und getrennt von Mainco machen müsste. Er könnte mit der Geschäftsführung von Mainco reden und gemeinsam überlegen, ob man das Projekt nicht auch als Spin-off des Unternehmens aufsetzt. Ein Spin-off hätte den Vorteil, dass die finanziellen Risiken in großen Teilen von Mainco mitgetragen würden. Er könnte die Geschäftsführung des Spin-offs übernehmen, wäre aber trotzdem noch bei Mainco angestellt, würde mit dem Klimaschutzprojekt etwas Sinnvolles tun und hätte eben auch seinen gewünschten Verantwortungsbereich. Wenn er die Geschäftsführung auch noch mit seinem nettesten Arbeitskollegen teilen dürfte, würde er auch gleichzeitig seine Arbeitsbelastung auf einem gut verträglichen Niveau halten können. Als weitere Handlungsoption formuliert er:*

*9. Spin-off mit Klimaschutz-Projekt*

## UMFASSENDE ABBILDUNG DES HANDLUNGSRAUMES

Mit der Formulierung aller Handlungsoptionen soll ein umfassendes Bild abgegeben werden. Ob dies gegeben ist, muss also grundsätzlich immer überprüft werden.

Bei einfachen Auswahlentscheidungen, die typischerweise als „Welche"-Fragen formuliert sind, ist das vergleichsweise einfach. Die möglichen

Handlungsoptionen stehen nämlich mit der Entscheidungsfrage, also z. B. welchen der angebotenen Saugroboter Sie am besten kaufen sollen, im Grunde fest. Sie müssen dann grundsätzlich alle Optionen mit in die betrachtete Menge aufnehmen.

Bei einer breiteren und offenen Entscheidungsfrage, wie Sie z. B. mit einer „Wie"-Entscheidungsfrage einhergeht, ist Vollständigkeit nicht mehr so einfach zu beurteilen. Hier besteht nämlich die Aufgabe darin, neue kreative Handlungsoptionen zu finden. Es ist naheliegend, dass es in diesem Fall keine einfachen Kriterien gibt, um Vollständigkeit zu testen. Dennoch gibt es Methoden, die auch in einer solchen Situation bei der Überprüfung helfen, ob relevante Handlungsoptionen übersehen wurden. Eine diesbezügliche Methode ist die Stellhebel-Methode.

Zum Verständnis der Stellhebel-Methode stellen Sie sich bitte einen einfachen Klangregler im Autoradio vor, mit dem Sie mit drei verschiedenen Schiebereglern die Tiefen, die mittleren Frequenzen und die Höhen getrennt regeln können. Sie können unterschiedliche Stellungen der drei Regler beliebig kombinieren und somit ein sehr breites Spektrum an Klangbildern generieren. Sicherlich werden sich nicht alle schön anhören, aber Sie können im Grunde alle Konstellationen systematisch ausprobieren.

Was diese Schieberegler im Autoradio sind, sind die Stellhebel für die Handlungsoptionen. Nur reden wir bei den Handlungsoptionen nicht von unterschiedlichen Frequenzbändern, sondern von den wichtigsten Gestaltungsparametern, die Sie bei den Handlungsoptionen selbst in der Hand haben. Wenn es Ihnen gelingt, die wichtigsten Gestaltungsparameter zu identifizieren, so können Sie wie beim Klangregler alle möglichen Kombinationen austesten und den gesamten Raum an Handlungsoptionen sozusagen repräsentativ abdecken. Wie auch beim Klangregler werden dabei einige Konstellationen dabei sein, die nicht gut zusammenpassen und die Sie deshalb wieder direkt verwerfen. Aber es kommt darauf an, mit einer systematischen Methodik die Vollständigkeit des Handlungsraums zumindest konzeptionell überprüfen zu können.

Bei offenen und komplexeren Entscheidungsfragen ist es hilfreich, die eigenen Gestaltungsparameter in Form von Stellhebeln zu identifizieren Das Herausfinden dieser Gestaltungsparameter ist nicht immer einfach. Sie müssen nämlich sehr grundlegend überlegen, was Sie selbst beeinflussen können und was zugleich einen großen Einfluss auf Ihre Ziele hat. Hierbei genügt es, sich auf die wichtigsten zwei oder drei Gestaltungsparameter zu beschränken. Denn Sie müssen bedenken, dass Sie alle Kombinationen ausprobieren sollen, und bei vielen Reglern wäre es zu aufwendig, dies noch systematisch durchzuführen. Sie würden hier vermutlich eher ausprobieren. Dies ist aber nicht unser Anspruch.

Bei wichtigen Lebensentscheidungen, wie Sie beispielsweise Ihren beruflichen und privaten Lebensentwurf am besten gestalten wollen, könnten mögliche Gestaltungsparameter beispielsweise wie folgt lauten:

- wie stark Sie Ihre berufliche Karriere in Ihrem Leben priorisieren wollen,
- was Sie inhaltlich im Beruf machen wollen und mit welchen Schwerpunkten Sie Ihr Privatleben ausgestalten wollen.

Dies ist aber nur ein Beispiel und könnte bei Ihnen auch anders aussehen.

> *Vom Grundsatz gefallen Alex diese drei genannten Stellhebel, allerdings möchte er sie für seine Situation konkretisieren. Der erste Stellhebel ist bei ihm nicht sein berufliches Engagement, sondern inwieweit er sich von Mainco löst. So hatte er Handlungsoptionen definiert, bei denen er bei Mainco bleibt und nur dort seine Situation verändern möchte. Ebenso hatte er Teilzeitoptionen in Erwägung gezogen und auch eine Option, in der er sich ganz von Mainco verabschiedet. Insgesamt also eine ausgeprägte Bandbreite möglicher Stellhebelpositionen.*

*Den zweiten Stellhebel belässt Alex beim inhaltlichen Fokus in seinem Beruf, konkretisiert ihn aber mit drei unterschiedlichen Positionen: Entweder findet er einen tieferen Sinn in seinem beruflichen Betätigungsfeld, geht im Beruf seinen Leidenschaften nach oder konzentriert sich auf eine finanzielle bzw. existenzielle Absicherung und damit die Karriere.*
*In gleicher Weise konkretisiert er den dritten Stellhebel, indem er verschiedene Positionen für sein Privatleben formuliert. So kann er seine Freizeit für seine Leidenschaften einsetzen, sinnvollen Tätigkeiten im Sinne der Gesellschaft nachgehen oder sich zur existenziellen Absicherung noch freiwillig beruflich weiterentwickeln und entsprechende Seminare und Fortbildungen belegen.*

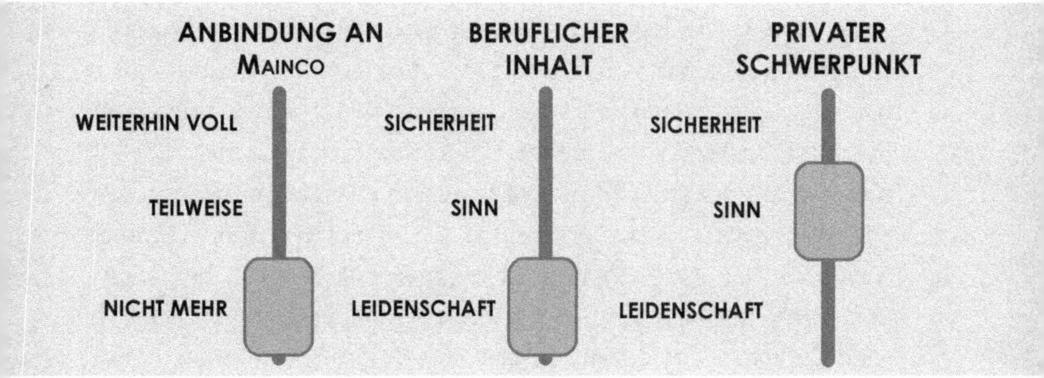

Abbildung 20: Die Stellhebel von Alex

*Alex probiert nun systematisch die verschiedenen Stellungen der Hebel aus und überlegt jeweils, ob er zu jeder Stellkombination der Hebel schon eine Handlungsoption definiert hat, bzw. wenn nicht, ob sich hinter der Kombination möglicherweise eine vorstellbare Handlungsoption verbirgt. Bei der in der Abbildung dargestellten Kombination entdeckt er einen solchen Fall. Bei einer vollständigen Ablösung von Mainco könnte er beruflich seiner Leidenschaft des Boulderns nachkommen und hauptberuflich als*

*Boulder-Trainer arbeiten. Hierbei hätte er dann auch noch genügend zeitlichen Freiraum, um mit dem Boxtraining für Jugendliche aus dem Brennpunkt die Sinn-Position des Stellhebels für den privaten Schwerpunkt auszufüllen. Bei dieser Konstellation wird ihm zwar etwas flau im Magen, weil er auf seine bislang vorhandene finanzielle Sicherheit zum großen Teil verzichtet, aber eine Bewertung seiner Optionen steht in diesem dritten Schritt noch nicht auf der Agenda. Er fügt also noch folgende Handlungsoption hinzu:*

*10. Boulder-Trainer mit Boxtraining für Jugendliche*

## PRAKTIKABILITÄT

Wenn Sie die obigen Methoden mit viel Engagement durchgeführt haben, sehen Sie sich möglicherweise einer Vielzahl von Handlungsoptionen gegenübergestellt und Sie laufen Gefahr, die Übersicht zu verlieren. Vielleicht hatten Sie aber auch schon vor dem Brainstorming eine so große Anzahl an Optionen, dass Sie sich etwas mehr Struktur wünschen. In der Tat gilt für die Anzahl von Handlungsoptionen Ähnliches wie bei den Fundamentalzielen. Die Anzahl der näher in Betracht gezogenen Handlungsoptionen sollte überschaubar groß bleiben. Ansonsten verliert man den Blick für das Wesentliche und verirrt sich im Detail. Zugleich wäre der Aufwand auch sehr groß, wenn man mit sehr vielen Handlungsoptionen in die nächsten Schritte gehen würde und jedes Feld der dann sehr großen Ergebnismatrix mit Ergebnisschätzungen füllen müsste.

Insofern stellt sich die Frage, wie eine größere Anzahl von Optionen auf ein vernünftiges Maß reduziert werden kann. Hierbei können Sie zunächst bestimmte Mindestansprüche in einzelnen oder allen Zielen definieren und aus der Menge der Optionen diejenigen herausfiltern, die ohnehin nicht infrage kommen. Wenn Sie beispielsweise ein gebrauchtes Auto auf einer Internetplattform kaufen wollen, machen Sie das regelmäßig durch das Setzen verschiedener Filteroptionen.

Wenn Sie danach immer noch zu viele Handlungsoptionen haben, sollen Sie versuchen, ähnliche Handlungsoptionen unter einer etwas allgemeineren Beschreibung zusammenzufassen. Hierbei kann die Stellhebel-Methode einen wertvollen Beitrag liefern. So lässt sich eine Ähnlichkeit zwischen zwei Optionen möglicherweise gut darüber beurteilen, ob diese Handlungsoptionen dieselben Stellhebel-Positionen aufweisen. Ist dies der Fall, so unterscheiden sie sich vermutlich nur in Details, über die Sie sich dann erst in nachgelagerten Entscheidungsrunden konkretere Gedanken machen könnten. Für das weitere Fortkommen können Sie diese Optionen dann erstmal zusammenfassen.

Am Ende dieses Schrittes haben Sie eine übersichtliche Liste mit Handlungsoptionen, die Sie in den Folgeschritten genauer analysieren werden. Es empfiehlt sich, an dieser Stelle schon einmal Ihre Intuition zu befragen und eine erste Bewertung der Handlungsoptionen nach Ihrem Bauchgefühl durchzuführen. Welche der vorgestellten Optionen sagt Ihnen ad hoc am ehesten zu? Wo hätten Sie das beste Gefühl? Möglicherweise schaffen Sie es sogar, eine Rangfolge aller Optionen aufzustellen. Am Ende des fünften Schrittes können Sie dann Ihr Bauchgefühl mit den Ergebnissen der analytischen Nutzenbewertung gegenüberstellen. Falls sich hier Diskrepanzen aufzeigen, ist dies ein Hinweis, dass Sie Ihre Entscheidung noch stärker reflektieren müssen.

> *Alex überlegt, wie er seine Liste mit den zehn Handlungsoptionen reduzieren kann. Bei Mainco unverändert tätig zu sein, hält er auch in Anbetracht der vielen anderen Möglichkeiten, die sich aufgetan haben, mittlerweile für nicht mehr diskussionswürdig. Im Grunde wird sich auch an seiner Situation langfristig nichts ändern, wenn er ein Sabbatical einschiebt. Zwar ist dies kurzfristig sicherlich ganz*

*angenehm, aber dass diese Option die Beste sein sollte, kann er sich bei einem Vergleich mit den anderen nicht mehr vorstellen. Er streicht also beide Optionen. Ebenfalls erkennt er im Wechsel zu ENGINEERTECH auch keine wesentlichen Pluspunkte, so dass er auch diese Option nicht mehr betrachtet. Das Entwicklungsprojekt mit Crowd-Funding sieht er im Sinne der Stellhebel-Methode konzeptionell auf einer Stufe mit dem Start-up mit Freunden mit dem Klimaschutzprojekt. Da allerdings das Klimaschutz-Projekt hierbei erfolgsversprechender ist und keine entscheidenden Nachteile gegenüber dem Entwicklungsprojekt in seinen Zielen hat, beschränkt er sich auf das Projekt „Start-up mit Klimaschutzprojekt". Übrig bleiben sechs Optionen, die er nach seinem Bauchgefühl wie folgt ordnet:*

1. *Teilzeit bei MAINCO und Boulder-Trainer*
2. *Hauptberuflicher Boulder-Trainer und Boxtraining für Jugendliche*
3. *Spin-off von MAINCO mit Klimaschutzprojekt*
4. *Teilzeit bei MAINCO und Boxtraining für Brennpunkt-Jugendliche*
5. *MAINCO mit eigenem Verantwortungsbereich*
6. *Start-up mit Klimaschutzprojekt*

## Wie hilft das ENTSCHEIDUNGSNAVI bei diesem dritten Schritt?

Mit dem ENTSCHEIDUNGSNAVI werden im Grunde alle Methoden, die in diesem Abschnitt vorgestellt wurden, auch computergestützt umgesetzt. Sie geben zunächst die naheliegenden Alternativen an und suchen auf der Basis einer Schwachpunktanalyse Verbesserungen dieser Optionen. Mit einer zielfokussierten Suche werden gänzlich neue Optionen gesucht, und auch der Stellhebelansatz wird sowohl zum kreativen Finden neuer Optionen als auch zum Zusammenfassen der Optionen angewendet. Sie schließen diesen Schritt damit ab, die definierten Optionen noch ein wenig zu erläutern, damit Sie ein klares Verständnis behalten, was Sie genau unter den einzelnen Optionen verstehen.

**Was Sie in diesem Kapitel gelernt haben:**

- Gezielte Kreativität ist der Schlüssel, um möglichst viele vielversprechende Handlungsoptionen zu identifizieren.
- Schwachpunkte in Handlungsoptionen können genutzt werden, um gezielt bessere Handlungsoptionen zu erkennen.
- Auch Handlungsoptionen, die nur ein Ziel maximieren, und hypothetische Idealhandlungsoptionen können genutzt werden, um Kreativität anzuregen.
- Die Stellhebel-Methode beschreibt den gesamten Handlungsraum und deckt fehlende Handlungsoptionen auf.
- Geschicktes Zusammenfassen der Handlungsoptionen schafft einen wertvollen Überblick über die Entscheidung.

# 9

# SCHRITT 4: SCHÄTZEN DER AUSWIRKUNGEN

In diesem vierten Schritt müssen Sie die Auswirkungen der Handlungsoptionen in den Fundamentalzielen abschätzen. Sie füllen also die noch leere Ergebnismatrix mit Inhalt. Hierbei müssen Sie auf drei Punkte achten:

**Herstellung von Vergleichbarkeit**
Die Optionen müssen durch eine transparente und nachvollziehbare Skala in jedem Ziel vergleichbar gemacht werden.

**Möglichst unverzerrte Schätzungen**
Alle Schätzungen sollen möglichst fundiert und ohne die häufig zu beobachtenden Verzerrungen getätigt werden.

**Praktikabilität**
Sie sollen sich auf das Wesentliche konzentrieren und versuchen, die Komplexität gering zu halten.

## HERSTELLUNG VON VERGLEICHBARKEIT

Eine Ergebnismatrix beschreibt die Einschätzung der Wirkung aller Handlungsoptionen auf die jeweiligen Fundamentalziele. Die fundamentalen Ziele aus dem zweiten Schritt des reflektierten Entscheidungsprozesses werden in die Überschriftzeile der Matrix eingetragen. In die linke Spalte werden die im dritten Schritt generierten Handlungsoptionen geschrieben. In die dann noch leere Matrix werden dann im vierten Schritt Feld für Feld Prognosen eingetragen, wie sich die jeweilige Option auf das betreffende Ziel auswirkt.

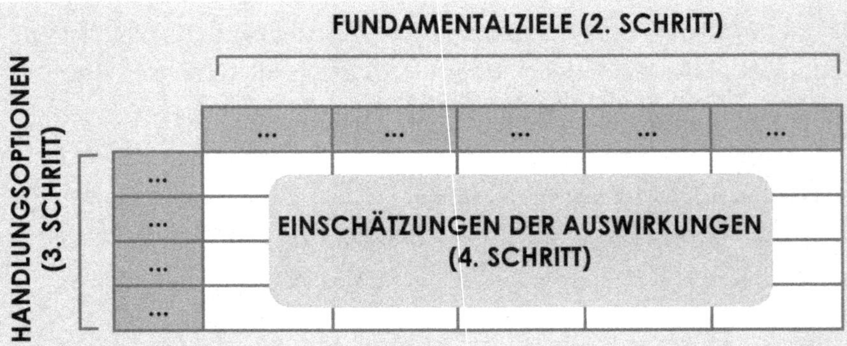


Abbildung 21: Ergebnismatrix zu Beginn des vierten Schrittes

Eine ausgefüllte Ergebnismatrix gibt dem Betrachter in jedem Fall schon einmal eine gute Übersicht über alle Handlungsoptionen und die Ergebnisse in den relevanten Zielen. Um jedoch in den weiteren Schritten gut zwischen den Vor- und Nachteilen der einzelnen Optionen abwägen zu können, ist es notwendig, schon in der Ergebnismatrix für eine gute Vergleichbarkeit der Ergebnisse zu sorgen. Es sollte also beispielsweise in jeder Spalte, d.h. in jedem Ziel, erkennbar sein, welche Option das beste Ergebnis liefert, welche das zweitbeste etc. Zugleich sollte auch erkennbar sein, wie groß die entsprechenden Unterschiede zwischen den Ergebnissen sind. Um dies umzusetzen, braucht man für jedes Ziel – bildlich gesprochen – einen Zollstock, den man an jede Option anlegen kann. Was beim Zollstock die Zentimeterskala ist, muss in unserem Fall durch eine transparente und nachvollziehbare Messskala für die möglichen Ergebnisse in diesem Ziel abgebildet werden.

## Transparenz und Nachvollziehbarkeit von Skalen

So wie sich jeder Zollstock auf eine Maßeinheit bezieht, ist auch bei jeder Skala die gemessene Einheit eindeutig anzugeben. Wenn über Temperaturen gesprochen wird und dabei wahllos zwischen Fahrenheit und Celsius gewechselt wird, entsteht nur ein Durcheinander ohne klare Aussagen. Ähnliches gilt, wenn Meilen und Kilometer nicht klar auseinandergehalten werden. Selbst beim Zollstock muss man aufpassen, dass man bei angloamerikanischen Varianten nicht aus Versehen Inch abliest anstelle von Zentimetern.

Daneben muss gewährleistet sein, dass die Skala eine nachvollziehbare Messung ermöglicht. Es sollte also im Grunde egal sein, wer mit dem Zollstock das Objekt misst und wann dies geschieht, es sollte immer derselbe Wert herauskommen. Genau dies muss auch für die Skalen gelten, die Sie für Ihre Ergebnismatrix definieren. Wenn Sie also heute Ihre Ergebnismatrix ausfüllen, dann sollten Sie genau dieselben Werte eintragen, die Sie auch morgen oder übermorgen eingetragen hätten. Wenn es die Entscheidungssituation grundsätzlich erlaubt, kann man sogar verlangen, dass die Ergebnisse nicht nur für Sie selbst immer nachvollziehbar bleiben, sondern auch andere Personen genau dieselben Ergebnisse angeben wie Sie. Wenn es Interpretationsspielräume bei den Skalen gibt, ist dies Gift für eine valide Messung. Die resultierende Willkür würde die Qualität der Entscheidung verringern.

**DEFINIEREN SIE IHRE SKALEN STETS SO, DASS ES KEINE UNKLARHEITEN UND INTERPRETATIONSSPIELRÄUME IN DER ANWENDUNG GIBT.**

In manchen Situationen ist es in der Tat einfach, eine solche transparente und nachvollziehbare Skala anzugeben. Dies gilt immer dann, wenn Sie bei den Fundamentalzielen unmittelbar auf eine bekannte Standardskala zurückgreifen können, wie z. B. für Entfernungen auf eine Kilometerskala, bei Gewichten auf eine Kilogrammskala oder bei den Anschaffungskosten des Saugroboters auf eine Euroskala.

Hier lauert allerdings auch eine Gefahrenquelle. So ist zu beobachten, dass häufig vorschnell auf solche naheliegenden Standardskalen zurückgegriffen wird, weil es eben so schön einfach ist. Dass man sich damit aber möglicherweise von den wirklich interessierenden fundamentalen Aspekten entfernt, wird schnell übersehen bzw. fahrlässig in Kauf genommen. So könnte man beispielsweise bei dem Ziel „finanzielle Sicherheit" geneigt sein, eine Euroskala zur Messung vorzuschlagen. Die inhaltlichen Aspekte, die mit diesem Ziel ausgedrückt werden sollen – wie z. B. die Regelmäßigkeit des Einkommens –, lassen sich aber kaum in einer einzigen Geldgröße abbilden. In solchen Fällen und eigentlich auch in den meisten Fällen bleibt kein anderer Weg, als sich Gedanken über eine eigene Skala für das jeweilige Fundamentalziel zu machen.

## Eigene Skalen entwickeln

Bei der Entwicklung von eigenen Skalen kann man es sich sehr einfach machen, es ist aber in gleicher Weise auch möglich, sehr viel Zeit in saubere, fundierte Messvorschriften zu investieren.

Eine erste einfache Möglichkeit besteht in einer verbal aufgesetzten Skala mit kurzen und geordneten Beschreibungen für die möglichen Zielergebnisse.

- Beispiel 1: „schlecht/mittel/gut"
- Beispiel 2: „sehr gering/gering/eher gering/eher hoch/hoch/sehr hoch".

Die einfachen Bezeichnungen sollten hierbei möglichst sinnvoll gewählt sein, damit auch ohne Missverständnisse eine eindeutige Zuordnung aller Handlungsoptionen zu einer Stufe möglich ist. Zugleich sollten die Beschreibungen auch schon eine klare Reihenfolge hinsichtlich der Präferenz zum Ausdruck bringen, damit auch alle Optionen nach einer Zuordnung eine Rangfolge besitzen. Würde man beispielsweise eine Skala mit den drei Ausprägungen „gut/super/toll" definieren, wäre dies nicht der Fall. Es ist unklar, ob toll besser als super ist oder umgekehrt. Im Beispiel 1 und 2 ist die Ordnung hingegen unstrittig.

Zusätzlich bietet es sich in vielen Fällen an, die Messung relativ zu gestalten, also nur Abweichungen von einem gewissen mittleren Wert bzw. Referenzwert zu messen. Dies fällt in der Regel leichter, als genaue absolute Ausprägungen zu betrachten. Eine solche mittlere Ausprägung ist in der Regel die aktuelle Situation, in der man sich befindet. Man bewertet dann beispielsweise nur, ob sich durch eine Handlungsoption die eigene Situation in dem jeweiligen Zielaspekt verbessert oder verschlechtert. Mögliche verbale Skalen könnten dann beispielsweise wie folgt aussehen:

- Beispiel 3: „geringer/gleichbleibend/höher"
- Beispiel 4: „viel schlechter/etwas schlechter/unverändert/etwas besser/ viel besser"

Einfache verbale Skalen haben den Nachteil, dass sie meist noch einige Interpretationsspielräume offenlassen und somit nicht die gewünschte Nachvollziehbarkeit garantieren. Insofern ist zu empfehlen, zusätzlich zu jeder Kurzbezeichnung der Skala eine genaue Beschreibung hinzuzufügen, in der noch ein wesentlich deutlicheres Verständnis ausformuliert wird.

Neben diesen verbalen Varianten können Sie sich auch beliebige andere Ausgestaltungen selbst ausdenken. Ein gutes Beispiel liefert uns die Schulnotenskala, die sich der Jesuitenorden im 16. Jahrhundert ausgedacht hat und die heute immer noch verwendet wird. Man definierte die „1" als beste Leistung und „5" als die schlechteste und konkretisierte jede einzelne Stufe mit einer genauen Erwartungshaltung an die Schüler und mit verschiedenen Indikatoren, ob diese Erwartungen erfüllt sind.

Auch bei der Richterskala für Erdbeben, bei der Beaufortskala für Windstärken, bei der Hotelbewertung mit Sternen, bei Energieeffizienz-Skalen oder bei Bonitätsratings für Staaten und Unternehmen gibt es stets sehr trennscharfe Beschreibungen, wie die einzelnen Stufen definiert sind. Wer einen hohen Wert auf eine saubere Messung legt, kommt nicht ohne entsprechend detaillierte Beschreibungen aus.

Wie Sie die Einheit der Skala für Ihr Anwendungsfeld nennen, bleibt stets eine Geschmackssache. Sie müssen sich also keine Sternchen, spezielle Kürzel oder eigene Namen für die Skala überlegen, wie es in den obigen bekannten Beispielen der Fall war. Es genügen z. B. eine Einheit mit Prozentwerten oder mit Punkten. Wichtig ist lediglich, dass Sie die einzelnen Stufen gut dokumentieren, dass die oben aufgeführten „Zollstockeigenschaften" der Transparenz und Nachvollziehbarkeit gut erfüllt sind. Dies könnte dann beispielsweise für das Ziel „finanzielle Sicherheit" im einfachsten Fall wie folgt aussehen.

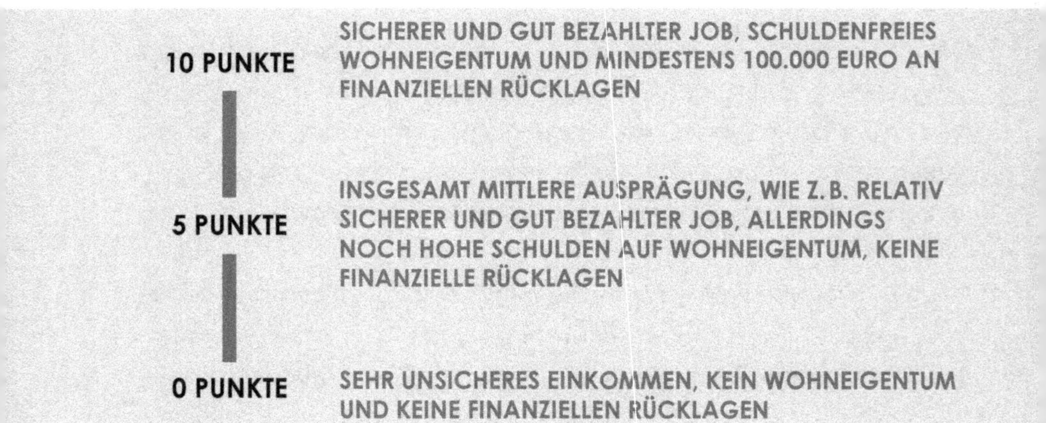


Abbildung 22: Verbale Skala für „finanzielle Sicherheit"

Wer sich noch mehr Mühe bei der Skalenerstellung machen möchte, kann auch sehr gut mehrere Skalen zu einer mehrdimensionalen Skala kombinieren. Dies ist insbesondere dann sinnvoll, wenn das Fundamentalziel inhaltlich mehrere Teilaspekte umfasst, die man besser messen kann als das möglicherweise noch etwas allgemein formulierte Fundamentalziel. Solche Teilaspekte finden Sie in der Zielhierarchie, die Sie im

Schritt 2 aufgestellt haben, und zwar als Teilziele bzw. Instrumentalziele des jeweiligen Fundamentalziels. Bei einer solchen Vorgehensweise misst man jedes Teilziel auf einer eigenständigen Skala und fasst diese Skalen dann anschließend zu einer Gesamtmessung zusammen.

> *Auch Alex gefällt die Idee, zumindest für das Fundamentalziel des „allgemeinen Wohlempfindens" eine kombinierte Skala aus den beiden Teilaspekten „psychisches" und „physisches Wohlempfinden" zu bilden. Genau diese Unterscheidung hatte er bei der Zielhierarchie vorgenommen. In beiden Teilaspekten denkt er, dass er beides mit einer Schulnotenskala von 1 bis 5 gut angeben kann. Da ihm das psychische Wohlempfinden sogar noch ein wenig wichtiger erscheint als das physische, berücksichtigt er dies auch in der Zusammensetzung mit einer Gewichtung von 3:2 dieser beiden Teilaspekte. Hieraus ergibt sich dann die in Abbildung 23 dargestellte Skala für sein allgemeines Wohlempfinden.*

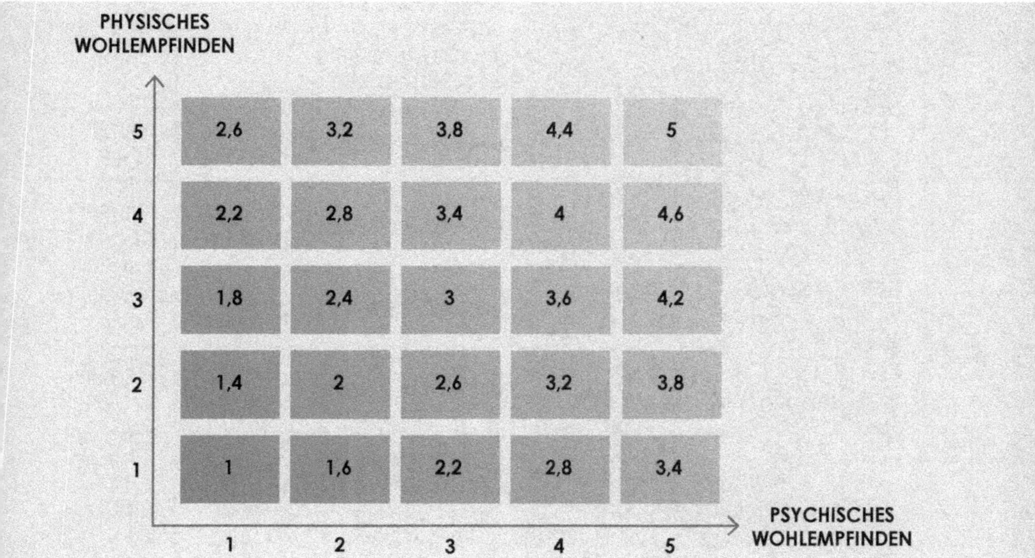


Abbildung 23: Konstruierte Skala für „allgemeines Wohlempfinden"

*Bei vier der weiteren Ziele hat Alex das Gefühl, dass er mit einer einfachen verbalen Skala am besten arbeiten könnte. Zum Beispiel sein Ziel „möglichst umfängliche Freude an meinen Leidenschaften" möchte Alex auf einer fünfstufigen Skala mit den Stufen „sehr klein", über „klein", „mittel" und „groß" bis „sehr groß" beschreiben. Bei dieser Skala sieht er sich in seiner aktuellen Situation in der Mitte. Er muss deshalb bei allen Handlungsoptionen nur einschätzen, ob es besser bzw. schlechter oder sehr viel besser bzw. sehr viel schlechter werden würde als jetzt. Aktuell schafft es Alex zumindest einmal in zwei Wochen zum Bouldern, hat einmal im Jahr Zeit für einen Kurztrip, und ins Kino schafft er es einmal im Monat. Eine sehr große Freude an Leidenschaften würde er empfinden, wenn er Zeit für Bouldern, Kurztrips und Kino hätte, wann immer er es sich wünscht.*

| FUNDAMENTALZIEL | SKALENTYP | VON | BIS |
|---|---|---|---|
| MÖGLICHST HOHES WOHLEMPFINDEN | KOMBINIERTE SKALA AUS PSYCHISCH & PHYSISCH JEWEILS MIT SCHULNOTEN 1–5 | 1 | 5 |
| MÖGLICHST VIEL SINNHAFTIGKEIT | VERBAL IN 5 STUFEN | SEHR WENIG | SEHR VIEL |
| MÖGLICHST UMFÄNGLICHE FREUDE AN MEINEN LEIDENSCHAFTEN | VERBAL IN 5 STUFEN | SEHR KLEIN | SEHR GROSS |
| MÖGLICHST VIELE UND WERTVOLLE SOZIALE BINDUNGEN | VERBAL IN 5 STUFEN | SEHR WENIG | SEHR VIEL |
| MÖGLICHST AUSGEPRÄGTES GEFÜHL DER EIGENEN KOMPETENZ | VERBAL IN 5 STUFEN | SEHR GERING | SEHR STARK |
| MÖGLICHST HOHE FINANZIELLE SICHERHEIT | MIT ZUSÄTZLICHEN ERLÄUTERUNGEN ERGÄNZTE PUNKTESKALA | 0 PUNKTE | 10 PUNKTE |

Abbildung 24: Übersicht über die von Alex gewählten Messskalen

*Im Ziel „finanzielle Sicherheit“ gefällt ihm die verbale Skala nicht. Er denkt, dass er hier mit einer vergleichsweise pauschalen Bewertung auf einer Punkteskala zwischen 0 und 10 Punkten, wie sie oben im Text vorgestellt wurde, auch sehr gut klarkommt.*

## MÖGLICHST UNVERZERRTE SCHÄTZUNG DER AUSWIRKUNG

Nachdem Sie alle Messskalen definiert haben, können Sie nun die Ergebnisse der einzelnen Handlungsoptionen in den verschiedenen Zielen angeben. Wenn Sie die Ausprägung einer Handlungsoption in einem Ziel nicht selbst einschätzen können oder wollen, dann stehen Sie vor der Aufgabe, Quellen ausfindig zu machen, die Ihnen mit fundierten Informationen, Daten oder Einschätzungen dabei helfen.

Wichtig hierbei ist es, auf eine hohe Verlässlichkeit der Informationsquelle zu achten. Von einer geringen Verlässlichkeit können Sie immer ausgehen, wenn die Quelle ein großes Eigeninteresse hat, den Leser in eine bestimmte Richtung zu manipulieren. Man spricht in diesem Zusammenhang von einem Self-Interest-Bias. Wenn Sie beispielsweise eine optimale Ernährungsweise für sich suchen und alternativ zu einem fleischbetonten Essen vegane oder vegetarische Konzepte in Erwägung ziehen, so sollten Sie sich deshalb nicht auf die Einschätzungen der Interessenvertretungen der Fleischindustrie verlassen, aber ebenso auch nicht auf die Institute, die sich der Verbreitung eines veganen oder vegetarischen Ansatzes verschrieben haben. Vielmehr sollten Sie auf unabhängige Quellen zurückgreifen, die keinen Self-Interest-Bias aufweisen. Hierbei ist zum Beispiel an wissenschaftliche Studien von universitären Forschungseinrichtungen zu denken, die qualitativ hochwertige Informationen liefern.

Eine hohe Qualität einer Studie lässt sich neben der Reputation der Informationsquelle insbesondere auch daran ablesen, dass alle getroffenen

Annahmen der Studie sehr transparent gemacht werden. Unter welchen Rahmenbedingungen wurden die Studienergebnisse ermittelt? Gibt es Besonderheiten oder Einschränkungen im Untersuchungsdesign? Warum ist die Studie durchgeführt worden und wer hat die Studie finanziert? Welche Einschränkungen gibt es hinsichtlich der Interpretation der Studienergebnisse, von welchen weiteren Faktoren könnten noch Einflüsse ausgehen? Optimalerweise präsentiert die Studie sogar noch Ergebnisse für den Fall, dass mit Alternativannahmen gerechnet wird. Auf Studien, die all dies nicht transparent machen, sollten Sie sich möglichst nicht beziehen.

Nicht bei allen Informationen ist jedoch nachzuvollziehen, wer oder was hinter der Quelle steckt. Wir leben in einem Zeitalter, in dem bewusst Fake News verbreitet werden, um Menschen zu manipulieren. Wir hören von der Existenz von Troll-Farmen, also von Instituten, deren ausschließliche Aufgabe es ist, durch gezielte Gerüchte z. B. den politischen Meinungsbildungsprozess in einem Land zu manipulieren. Eine ausgesprochen hohe Zurückhaltung bei Quellen, die Ihnen unbekannt sind, ist also in jedem Fall zu empfehlen. Auch allein die Tatsache, dass Sie dieselbe Information an sehr vielen unterschiedlichen Stellen im Netz finden, bedeutet noch lange nicht, dass diese Information deshalb zutreffend ist. Es bedeutet lediglich, dass viele Leute oder Medien diese Information entweder unreflektiert oder aufgrund eines Eigeninteresses – auch wenn es nur die Erfüllung des eigenen Kommunikationsbedürfnisses ist – aufgegriffen und weitergegeben haben.

Nun finden Sie sicherlich nicht für alle Fragestellungen ausreichend gute Informationsquellen, auf die Sie sich beziehen können, so z. B. bei sehr spezifischen Fragen oder immer dann, wenn es sich um sehr subjektive Sachverhalte handelt. Auch mag es Situationen geben, in denen Sie viele, nicht immer konsistente Informationen und Einschätzungen von unterschiedlichen Quellen finden. Bei manchen mögen Sie recht gut die Verlässlichkeit oder den Self-Interest-Bias einschätzen können, bei anderen sind Sie sehr unsicher, welchen Stellenwert Sie der Information oder der Einschätzung geben wollen. Um auch in solchen Situationen die Ergebnismatrix noch mit vernünftigen Daten zu füllen, ist es in jedem Fall wichtig, dass Sie sehr reflektiert mit den Informationen umgehen, die Sie zur Verfügung haben. Dies heißt konkret, dass Sie darüber aufgeklärt sind, welche typischen Fallen es gibt, in die Menschen bei einer zu unreflektierten Aufnahme von Informationen treten: vorschnelle Schlüsse und die Tendenz, sich selbst etwas vorzumachen.

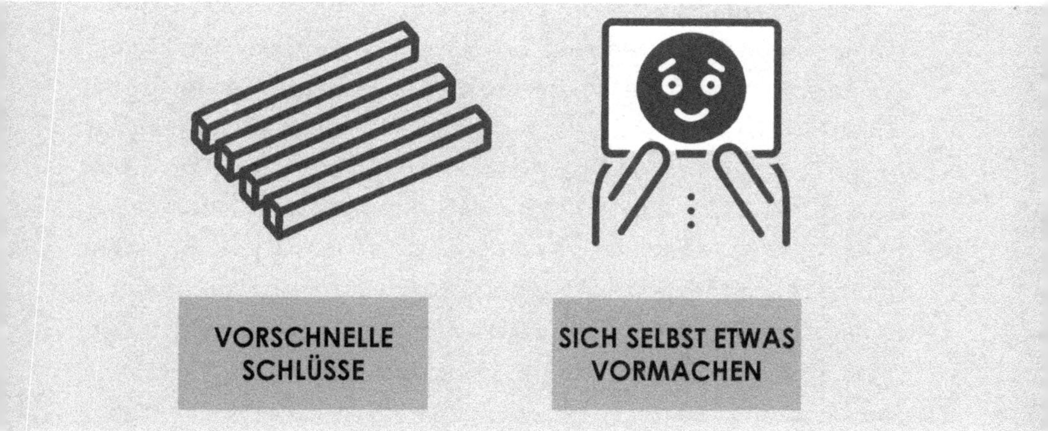


Abbildung 25: Typische Fallen beim Ausfüllen der Ergebnismatrix

## Ziehen Sie keine vorschnellen Schlüsse

Die beschränkte Informationskapazität unseres menschlichen Gehirns ist dafür verantwortlich, dass wir gerne vorschnelle Schlüsse ziehen und somit verzerrte Einschätzungen vornehmen. Und dies nicht nur bei der Treppe, den drei oder vier Kanthölzern, oder was Sie in dem obigen Bild sonst zu erkennen denken, sondern auch bei allen Einschätzungen in der Ergebnismatrix. Schon in der Darstellung des intuitiven Entscheidungsweges in Kapitel 2 konnten wir Ihnen mit der Verfügbarkeits- und Verankerungsheuristik zwei Beispiele von Biases nennen. Es gibt jedoch neben diesen beiden Beispielen noch eine Vielzahl weiterer Biases, über die es eine sehr ausführliche Fach- und Populärliteratur gibt. Leider verliert man bei der großen Anzahl der jeweils vorgestellten Effekte schnell den Überblick. In einem Übersichtsartikel eines renommierten Fachjournals werden beispielsweise 26 Biases präsentiert, die jeweils für eine spezifische Verzerrung stehen und alle einen eigenen Namen haben.[13] Wer soll sich das merken? Wir haben deshalb die wichtigsten Biases in vier allgemeiner formulierten Fallen des vorschnellen Schließens zusammengefasst:

**Scheuklappenfalle:** Schon im Zusammenhang mit dem WYSIATI-Phänomen hatten Sie an verschiedenen Stellen – z. B. bei der Formulierung der Entscheidungsfrage – gesehen, dass Menschen vieles in einer zu engen Sichtweise betrachten. Ähnliche Scheuklappen gibt es nun auch bei der Einschätzung von Ergebnissen in der Ergebnismatrix. Dies betrifft z. B. Situationen, in denen Sie selbst eine sehr aktive Rolle in der Planung eines Projektes haben und sich die Erfolgsstory dieses Projektes schon vor Ihren Augen in allen Details abspielt. Sie haben einen Inside View und vernachlässigen alle Gefahren und Hürden, die Sie mit den Scheuklappen abgedeckt haben. Stellen Sie sich beispielsweise vor, Sie würden ein Sachbuch zum Thema „Entscheidungen treffen" schreiben und hätten sehr viel Zeit in das Buch investiert. Alle Inhalte klingen für Sie am Ende sehr schlüssig und Sie haben das Gefühl, etwas wirklich Wertvolles geschrieben zu haben, für das sich eigentlich jeder interessieren müsste. Deshalb prognostizieren Sie, dass Sie sehr leicht einen guten Verlag finden und die Nachfrage sicherlich hoch sein wird. Der realistische Outside View sagt Ihnen jedoch, dass es nur ein sehr kleiner Anteil an Manuskripten schafft, wirklich beachtliche Leserzahlen zu erreichen. Die meisten werden bei Weitem nicht so intensiv nachgefragt, wie Sie es sich für Ihr Buch vorstellen.

Zu Scheuklappen kommt es aber nicht nur durch einen Inside View bei der Abschätzung von persönlichen Erfolgen. Im Grunde betrachten wir jede Entscheidungssituation naturgemäß erstmal nur aus unserer eigenen persönlichen Sichtweise und laufen Gefahr, vieles unberücksichtigt zu lassen. Zusätzlich stützt die Verankerungsheuristik auch noch diesen Scheuklappeneffekt, denn wir lösen uns nur sehr schwer von diesem kognitiven Anker. Die gedanklich starke Verankerung an der eigenen Sichtweise verhindert es sozusagen, dass Sie die Scheuklappen abnehmen.

STELLEN SIE IHRE EIGENE PERSÖNLICHE SICHT AUF DEN PRÜFSTAND UND ÜBERPRÜFEN SIE, OB SIE DURCH MÖGLICHE SCHEUKLAPPEN UNREALISTISCHE EINSCHÄTZUNGEN VORNEHMEN.

**Plausibilitätsfalle:** Wenn etwas plausibel klingt oder perfekt in ein bestimmtes Denkschema passt, neigen wir Menschen dazu, dies vorschnell zu glauben. Hierzu wollen wir Ihnen ein Experiment präsentieren, welches als das klassische „Linda-Experiment" mittlerweile sehr bekannt geworden ist.[14] Stellen Sie sich also bitte Linda vor:

*Linda ist 31 Jahre alt, sehr intelligent und nimmt kein Blatt vor den Mund. Sie hat Philosophie studiert. Als Studentin hat sie sich intensiv mit Fragen sozialer Gerechtigkeit und Diskriminierung auseinandergesetzt. Außerdem hat sie an Anti-Kernkraft-Demonstrationen teilgenommen.*

Nun überlegen Sie sich, welche der beiden folgenden Aussagen Sie für wahrscheinlicher erachten:

1. Linda ist Bankangestellte.
2. Linda ist Bankangestellte und aktiv in der Frauenbewegung.

In den vielen Befragungen, die auch wir selbst mit diesem Experiment in den letzten Jahren durchgeführt haben, spricht sich stets die Mehrheit für die zweite Aussage aus. Die Zugehörigkeit zu einer Frauenbewegung passt nämlich exakt in das Bild, welches man sich von Linda gemacht hat. Die zweite Aussage klingt demnach wesentlich plausibler als die erste. Leider übersehen die Befragten hierbei, dass die höhere Wahrscheinlichkeitseinschätzung für die zweite Aussage der grundlegenden Logik widerspricht. Die zweite Aussage kann nie (!) eine höhere Wahrscheinlichkeit als die erste haben. Wenn die zweite Aussage nämlich zutrifft, also Linda sowohl Bankangestellte und zudem aktiv in der Frauenbewegung ist, dann ist die erste Aussage automatisch auch immer zutreffend. Es ist schlicht ausgeschlossen, dass die zweite Aussage stimmt, aber die erste nicht. Also ist die erste Aussage wahrscheinlicher, auch wenn dies auf den ersten Blick nicht plausibel erscheint.

Plausibilitätsfallen gibt es nicht nur bei Linda, sie lauern hinter jeder Ecke. Wenn im Spielkasino neunmal „rot" ausgespielt wurde, ist man geneigt, beim nächsten Mal „schwarz" zu erwarten. Dies mag plausibler sein als zehnmal hintereinander Rot, nur ist dies natürlich falsch, wie Sie hoffentlich wissen. Oder stellen Sie sich vor, Sie wären Arzt und wüssten, dass 90 Prozent aller Brustkrebsfälle aus einer bestimmten Hochrisikogruppe stammen. Nun erscheint eine Patientin, die dieser Hochrisikogruppe angehört. Wie wahrscheinlich ist es, dass diese Patientin auch irgendwann einmal Brustkrebs bekommen wird? Es wäre sicherlich plausibel, hier von einer ähnlich hohen Wahrscheinlichkeit auszugehen. Dies wäre aber falsch. Berücksichtigt man nämlich, dass die Hochrisikogruppe sehr groß ist, so lässt sich mit den tatsächlichen Häufigkeiten von Brustkrebs eine Wahrscheinlichkeit für die Patientin berechnen, die deutlich unter 20 Prozent liegt.

PLAUSIBILITÄT IST EINER DER GRÖSSTEN FEINDE DER WAHRHEIT.

**Darstellungsfalle:** Nicht selten hängt eine eigene Einschätzung von der Art und Weise ab, wie eine Information präsentiert wird. Im Fachjargon spricht man auch von einem Framing einer Information. Stellen Sie sich vor, Sie müssten Klausuren von Studierenden bewerten und eine Note vergeben. Die Klausur besteht aus zehn Aufgaben, und Sie erhalten lediglich die Information, wie hoch der Prozentsatz an Aufgaben ist, die „richtig" gelöst wurden. Glauben Sie, dass sich etwas in Ihrer Notengebung ändern würde, wenn man nur gesagt hätte, wie viel Prozent der Kandidat jeweils falsch gerechnet hat? Forscher konnten zeigen, dass es hier einen deutlichen Unterschied gibt. Das heißt, im ersten Fall waren die vergebenen Noten positiver als im zweiten Fall.[15] Die Versuchsteilnehmer waren also in eine Framing-Falle getappt, sie haben sich durch das Framing der Information unbemerkt beeinflussen lassen.

Framing wird gerne von Unternehmen angewendet, um Konsumenten zu beeinflussen. Es macht sich einfach in der Werbung besser, wenn gesagt wird, dass 90 Prozent der Kunden zufrieden sind. Oder haben Sie schon einmal in der Werbung gehört, dass 10 Prozent der Kunden nicht zufrieden sind? Die Information ist letztlich dieselbe, sie kommt aber ganz anders an. Es ist zugleich sehr schwer, eine Information ohne irgendeinen Frame zu präsentieren. Probieren Sie es einmal aus! Wie können Sie zum Ausdruck bringen, ob ein Glas halb voll bzw. halb leer ist, ohne auf ein Framing zurückzugreifen? Theoretisch ist dies zwar möglich, z.B. mit „der Inhalt des Glases beträgt 50 Prozent des Gesamtvolumens". Aber wer redet schon so formal? Sie sehen also: Fast alle Informationen sind durch ihre Darstellungsform beeinflussend dargestellt.

WENN SIE NICHT AUFPASSEN, WIRKT SICH DIE DARSTELLUNG EINER INFORMATION AUF IHRE EINSCHÄTZUNG VON SACHVERHALTEN AUS.

**Attributionsfalle:** Einfach ausgedrückt handelt es sich um die Beobachtung, dass wir gerne anderen Menschen vorschnell eine hohe Kompetenz unterstellen, wenn diese einen Erfolg vorweisen können, und sie für wenig kompetent halten, wenn sie nicht erfolgreich sind. Erfolge und Misserfolge werden also zu schnell mit den Fähigkeiten verbunden, andere Komponenten, wie z. B. die Umstände oder Glück und Pech, bleiben zu stark unberücksichtigt.

Mit einem kleinen Beispiel wollen wir diese etwas abstrakte Erklärung verständlich machen. Stellen Sie sich bitte mal einen großen Kindergarten vor, in dem die Kinder jeden Tag befragt werden, ob am nächsten Tag die Aktienkurse in Deutschland steigen oder fallen werden. Alle Kinder haben Spaß an diesem Spiel und geben auch immer brav ihre Prognose ab. Nun sehen die Spielregeln vor, dass alle Kinder ausscheiden, die einmal falsch tippen. Nach ein paar Tagen bleiben nur noch sehr wenige Kinder über, die stets recht hatten. Wenn Ihnen nun eines dieser Kinder heute sagt, dass morgen die Aktienkurse steigen, würden Sie deshalb der Prognose trauen und schnell in Aktien investieren? Sicherlich nicht, denn es ist offensichtlich, dass es nur reiner Zufall war, dass die letzten Prognosen stimmten.

Ein paar Tage später sehen Sie im Fernsehen einen „Experten", der auch schon mehrmals in der Vergangenheit mit seinen Prognosen recht hatte. Sie sehen zwar, dass er nicht aus dem Kindergarten kommt, er ist schon älter, hat einen Schlips an und sieht seriös aus. Aber wissen Sie, wie viele Leute es gibt, die seriös aussehen und deren Beruf es ist, den Aktienmarkt vorherzusagen? Sicherlich mehr als in einem sehr großen Kindergarten. Auch bei diesem Experten kann es (trotz Schlips) reiner Zufall gewesen sein. Wenn Sie sich an diesem Tag überlegen, ob Sie Ihr Erspartes am Aktienmarkt anlegen und nach guten Tipps suchen, seien Sie ruhig etwas vorsichtig mit den Empfehlungen des Experten.

**EINE GRUNDSÄTZLICHE SKEPSIS IM HINBLICK AUF DIE KORREKTHEIT VON EINSCHÄTZUNGEN DRITTER DÜRFTE NIE SCHADEN.**

Die hier vorgestellten vier Fallen ähneln sich in einem Punkt: In allen Fällen kommt es zu einer Verzerrung in der mentalen Verfügbarkeit von Informationen. So werden die Informationen zu stark bewertet, die innerhalb des Blickbereichs der Scheuklappen liegen, die von den Scheuklappen verdeckten Informationen kommen hingegen zu kurz. Ähnliches gilt für plausible Informationen, die einfach leichter den Weg in das Gehirn finden und deshalb dort besonders verfügbar sind. Zugleich führt ein positiver Darstellungskontext zu einer erhöhten Verfügbarkeit der positiven Interpretation einer Information. In der Attributionsfalle denkt man eben nicht an alle glücklichen Umstände, die ebenfalls erklären könnten, warum der Experte so häufig recht hatte, sondern nur an das Naheliegende, nämlich offenbar seine Fähigkeiten.

Diesen Mechanismus kennen Sie schon von der Verfügbarkeitsheuristik, auf die wir im ersten Teil des Buches hingewiesen hatten: Bei einer anschaulichen und lebendigen Berichterstattung in den Medien sind die betreffenden Informationen in einem bestimmten Zeitraum dann sehr verfügbar und bestimmen unser Denken. Deshalb neigen wir zu einer Überreaktion bezogen auf die entsprechende Information. Je mehr Zeit vergeht, desto mehr lässt dieses Ungleichgewicht in der Verfügbarkeit nach und desto realistischer und objektiver werden unsere Einschätzungen.

Wenn Sie jedoch diesen grundlegenden Wirkungsmechanismus, der sich hinter allen Fallen verbirgt, einmal richtig verstanden haben, so müssen Sie nicht so lange warten. Sie können es nämlich selbst beschreiben, was gerade in Ihrem Kopf vorgeht. Vielleicht hören Sie sich dann einmal selbst sagen:

*„Vielleicht überschätze ich den Erfolg meines Projektes aufgrund meiner durch einen Inside View bedingten Scheuklappen."*

*„Ich bin zwar Angehöriger der Hochrisikogruppe, sollte aber auf die Plausibilitätsfalle aufpassen und meine persönliche Gefährdung auch nicht überschätzen."*

*„Für wie dumm halten mich die Werbeleute, dass ich auf diese Darstellungsfalle reinfalle? Wenn 90 % der Kunden zufrieden sind, sind also 10 % nicht zufrieden. Keiner sagt mir aber, warum die nicht zufrieden waren."*

*oder*

*„Was dieser sogenannte Experte gerade im Fernsehen sagt, muss ich aufgrund der Attributionsfalle nicht unbedingt wirklich auch glauben."*

Sie sind zwar nie gänzlich immun gegen alle Manipulationsversuche, aber grundsätzlich über die wichtigen Biases aufgeklärt und können dementsprechend korrigierend dagegenhalten. Das geht auch nicht von heute auf morgen, aber reflektiertes Entscheiden muss ohnehin trainiert werden. Vergessen Sie also nicht, bei allen Informationen, die Ihnen beim Ausfüllen der Ergebnismatrix zur Verfügung stehen, den Blick für die beschriebenen Fallen nicht zu verlieren. Von alleine macht es Ihr Bauch nicht.

## Sich selbst gegenüber ehrlich sein und sich nichts vormachen

Lassen Sie uns diesen Abschnitt mit der Fabel von dem Fuchs und den Trauben beginnen. Ein Fuchs bemerkt auf seiner Beutetour ein paar schöne Weintrauben, die für ihn unerreichbar an einer hohen Mauer hängen. Nach ein paar erfolglosen Versuchen müsste er sich eigentlich eingestehen, dass er wohl zu klein ist, um an die Trauben heranzukommen. Stattdessen rümpft er die Nase, dreht sich um und lässt die beobachtenden Vögel auf dem Ast wissen, die Trauben seien ihm eh noch nicht reif genug.

Die Fabel verdeutlicht sehr schön, wie man versuchen kann, sich etwas vorzumachen, nur damit das Selbstbild nicht leidet. Es gibt zwei Fallen, auf die wir hier in diesem Zusammenhang besonders hinweisen wollen: die Dissonanzfalle und die Selbstüberschätzungsfalle.

**Dissonanzfalle:** Dissonanzen empfindet der Mensch in allen Situationen, in denen das eigene Selbstbild gestört ist. Besonders stark ist diese Dissonanz, wenn man in der Vergangenheit eine eigene Entscheidung getroffen hat, die sich als schlecht oder unglücklich herausstellt. Stellen Sie sich beispielsweise vor, dass Ihre alte Waschmaschine den Geist aufgegeben hat und Sie überlegen, ob sich die veranschlagte Reparatur in Höhe von 200 € noch lohnt oder ob Sie lieber eine neue Maschine für 600 € kaufen. Sie hadern ein wenig, aber entscheiden sich schließlich für die Reparatur. Nach vier Wochen geht die Maschine erneut kaputt, der Kundendienst veranschlagt 300 € Reparaturkosten. Wie entscheiden Sie jetzt?

In jedem Fall ärgern Sie sich erstmal über Ihre vorangegangene Entscheidung und spüren eine Dissonanz. Das Selbstbild ist angekratzt, offenbar haben Sie in der Vergangenheit einen Fehler gemacht: „Hätte ich doch direkt eine neue Maschine gekauft." Die eigentliche Falle besteht jedoch darin, dass wir Menschen uns in solchen Situationen möglicherweise unvernünftig verhalten, wenn wir möglichst schnell die Dissonanz wieder loswerden wollen. Vernünftig wäre es wahrscheinlich, bei den veranschlagten Reparaturkosten von 300 € eine neue Maschine zu erwerben. Wir schrecken aber deshalb davon ab, weil wir uns bei einem Neukauf über die dann unnötig verausgabten Reparaturkosten von 200 € ärgern würden, die Dissonanz also manifestiert wäre. Im Falle der Reparatur könnte man die Dissonanz noch dadurch reduzieren, dass man sich einbildet, die Maschine sei nach den beiden Reparaturen wie neu und halte sicherlich noch lange. Wir wehren uns davor zu akzeptieren, dass die 200 € sogenannte versunkene Kosten sind, die man ohnehin nicht

**MIT IHREN HEUTIGEN ENTSCHEIDUNGEN BEEINFLUSSEN SIE NUR DIE ZUKUNFT. DIE VERGANGENHEIT KÖNNEN SIE NICHT MEHR ÄNDERN.**

mehr rückgängig machen kann. In der Literatur spricht man deshalb auch von einem „Sunk-Cost-Effekt".

**Selbstüberschätzungsfalle:** Sie kennen sicherlich ein paar Leute, bei denen Sie behaupten würden, dass diese sich häufig selbst überschätzen. Dafür gibt es auch andere, die sich vielleicht sogar unterschätzen. Und im Schnitt gleicht sich dies vielleicht aus, mag man denken. Das trifft jedoch nicht zu. So bestätigen viele Studien, dass es sich bei einer Selbstüberschätzung um ein systematisches Phänomen handelt, sich also erheblich mehr Leute über- als unterschätzen. Beispielsweise geben ca. 80 Prozent der Autofahrer an, dass sie sich bei den besseren 50 Prozent der Autofahrer sehen würden. Die reine Logik sagt uns, dass dies nicht richtig sein kann.[16]

Beim Ausfüllen der Ergebnismatrix bedeutet Selbstüberschätzung, dass wir uns zu sicher sind, dass die eigenen Ergebnisschätzungen auch gute und realistische Schätzungen sind. Wenn explizit mit Wahrscheinlichkeiten für unterschiedliche Ergebnisse gearbeitet wird, kann man dies gut an einem Vergleich der angegebenen Wahrscheinlichkeiten ablesen. Die Wahrscheinlichkeiten, die man für das Ergebnis angibt, welches man im Grunde erwartet, fallen nämlich dann meist zu hoch aus, und die Wahrscheinlichkeiten für andere grundsätzlich mögliche Ergebnisse dementsprechend zu niedrig. Um zu einer realistischen Einschätzung zu kommen, ist es deshalb stets sinnvoll, sich diesen Bias deutlich vor Augen zu halten. Ist es wirklich gerechtfertigt, dass ich diese Einschätzung so fundiert angeben kann? Kann ich mir wirklich so sicher sein? Und wenn es andere Meinungen zu der betrachteten Einschätzung gibt: Bin ich denn wirklich schlauer als die anderen, sodass meine Einschätzung richtig ist und die der anderen nicht?

Sokrates hat einmal sinngemäß gesagt, dass nur diejenigen klug sein können, die wissen, dass sie nicht wissen, was sie nicht wissen. Dies ist im Grunde genau das, was auch im WYSIATI-Phänomen zum Ausdruck kommt: Wir haben nur einen Blick für das Innere des Bilderrahmens, alles was außen liegt, wird kaum berücksichtigt. Es ist wirklich wertvoll, sich dies immer wieder bewusst zu machen.

**UNSERE EIGENEN EINSCHÄTZUNGEN TREFFEN IN DER REGEL WENIGER HÄUFIG ZU, ALS WIR DENKEN.**

Insgesamt stützt also sowohl die Vermeidung von Dissonanzen als auch die Selbstüberschätzung unser eigenes Selbstbild, aber die Qualität der Entscheidung leidet darunter. Für reflektierte Entscheidungen ist es nicht nur notwendig zu akzeptieren, dass man Vergangenes nicht mehr verändern kann. Man muss zugleich sich selbst gegenüber auch ehrlich sein und vielleicht ein wenig mehr Bescheidenheit an den Tag legen, was man glaubt, alles genau einschätzen zu können.

Zum Ende dieses Abschnittes können wir Ihnen noch eine Methode ans Herz legen, die Sie anwenden können, um einer Selbstüberschätzung entgegenzuwirken: die Premortem-Methode. Bei dieser Methode betrachten Sie das Projekt, an dessen Erfolg Sie eigentlich glauben. Nun machen Sie gedanklich einen Sprung in die Zukunft und stellen sich vor, dass dieses Projekt in einer Form gescheitert ist, die eigentlich kaum schlimmer sein kann. Malen Sie sich dieses Bild wirklich detailliert aus. Was fallen Ihnen für Gründe ein, warum alles schiefgelaufen ist? Auch die eigentlich von Ihnen für unwahrscheinlich erachteten kritischen Punkte müssen Sie hier in Ihr Blickfeld nehmen. Notieren Sie am besten alles auf einen Zettel. Jetzt lassen Sie alles noch einmal ein wenig „sacken" und geben erneut eine Einschätzung über den Erfolg. Diese Einschätzung wird nun vorsichtiger und damit realistischer ausfallen.

*Alex ist nach der Lektüre der letzten Abschnitte etwas überrascht, wie viele Fallstricke es beim Ausfüllen der Ergebnismatrix gibt. Er geht trotzdem jede einzelne Falle durch. Vieles hält er für nicht relevant in seiner Situation, bei jedoch zwei Fallen kommt ein Gefühl der Unsicherheit bei ihm auf, ob seine Einschätzungen wirklich fundiert sind. Und zwar ist dies eine mögliche Selbstüberschätzung und eine mögliche zu positive Bewertung der Erfolgschancen der Spin-off-Option. Tatsächlich hatte er sich die Spin-off-Option nun schon im Detail ausgemalt und hat deshalb sicherlich einen Inside View. Insofern war er dankbar, mit der Premortem-Methode etwas in die Hand zu bekommen, mit dem er seine Sicht etwas objektivieren kann. Am Ende war er tatsächlich etwas kritischer und reduzierte einige Ergebnisgrößen dieser Option, aber trotzdem änderte dies nur wenig an seinem Bauchgefühl, dass es sich um eine sicherlich immer noch attraktive Option handelt.*

## PRAKTIKABILITÄT

Das Ausfüllen der Ergebnismatrix mit reflektierten Einschätzungen in allen Feldern der Matrix geht grundsätzlich mit einem hohen Aufwand einher. Bei ausreichender Entscheidungskompetenz können Sie jedoch aus zwei Gründen den Aufwand erheblich reduzieren. Erstens können Sie gut einschätzen, wann es sich wirklich lohnt, umfängliche Recherchen in einem Feld der Ergebnismatrix anzustellen. Zweitens ist ein entscheidungskompetenter Mensch über die typischen Fallen sehr gut aufgeklärt, kann mit ein wenig Erfahrung auch sehr gut korrigierend eingreifen und somit Verzerrungen größtenteils vermeiden. Er ist somit in der Lage, auch einfach mal eine subjektive Schätzung aus dem Bauch abzugeben, ohne direkt die typischen Fallen aus dem Blick zu verlieren. Eine solch reflektiert-intuitive Schätzung kann viel an Zeit und Aufwand sparen.

Je mehr Sie sich also eine Entscheidungskompetenz angeeignet haben, desto pragmatischer können Sie sich an Schätzungen wagen. Sicherlich werden Sie dann bei wichtigen Entscheidungen oder einzelnen wichtigen Zielen immer noch sehr fundiert vorgehen und einen entsprechenden Aufwand nicht scheuen. Aber in vielen Entscheidungssituationen werden Sie einfach nur noch reflektiert-intuitive Schätzungen vornehmen und vermutlich noch nicht einmal mehr eine Ergebnismatrix vollständig aufschreiben, sondern diese vielleicht nur im Kopf ungefähr vor sich haben.

In den nächsten beiden Abschnitten geben wir Ihnen noch zwei Ideen mit auf den Weg, wie Sie Ihre reflektiert-intuitiven Schätzungen bei vertretbarem Aufwand noch weiter verbessern können.

### Die „Wisdom of Crowd"-Methode

Francis Galton, ein britischer Naturforscher, machte sich Anfang des 20. Jahrhunderts auf, die Vertrauenswürdigkeit von demokratischen Entscheidungen zu bewerten.[17] Seine Methodik der Wahl war die Beurteilung anhand einer Schätzfrage, bei der er die Schätzungen Einzelner mit ihrem Durchschnitt verglich. Auf der jährlichen Rindershow untersuchte er dafür die Schätzungen von knapp 800 Teilnehmern, die das Gewicht eines Showbullen schätzen sollten. Die Schätzungen lagen zwar weit auseinander, der Mittelwert jedoch mit 547 kg nur ca. 4 kg neben dem tatsächlichen Gewicht des Bullen.

Gruppenschätzungen mitteln also einzelne Fehler aus und verbessern somit Prognosen. Dieses Phänomen ist auch als „Wisdom of Crowd" bekannt. Mit einem kleinen Trick können Sie selbst – sogar ganz ohne eine Befragung anderer Leute – davon profitieren. Dafür geben Sie selbst einfach zwei Schätzungen ab. Nach Ihrer ersten Einschätzung stellen Sie sich bitte vor, dass Ihnen gesagt wird, dass diese Schätzung nicht gut ist. Sie überlegen also, ob Sie eher zu hoch oder zu niedrig liegen und geben eine zweite Schätzung ab. Jetzt können Sie den Mittelwert aus beiden Schätzungen berechnen. Studien zeigen, dass mit einer solchen Vorgehensweise ungefähr die Hälfte der Verbesserung erreicht werden kann, die man bei der Mittelung von Schätzungen mit einer anderen Person erreichen könnte.[18] Also erreichen Sie so mit sehr wenig Aufwand eine kleine Verbesserung der reflektiert-intuitiven Schätzung.

### Bedingte Schätzungen erlauben

Eine Schätzung für ein Feld der Ergebnismatrix wird Ihnen immer dann schwerfallen, wenn das jeweilige Ergebnis sehr unsicher ist. Denken Sie an das Beispiel des Landeversuches von Kapitän Sullenberger auf dem Hudson River. Zum Zeitpunkt der Entscheidung war das Ergebnis in dem Ziel „Möglichst hohe Anzahl an Überlebenden" unsicher, das Manöver konnte erfolgreich ausgehen oder auch fehlschlagen. Deshalb hatten wir Ihnen schon im Kapitel 3 vorgestellt, wie man in einem solchen Fall diese Unsicherheit explizit in der Ergebnismatrix abbildet: An die Stelle einer einzigen Schätzung in dem betreffenden Feld der Ergebnismatrix tritt eine bedingte Schätzung für die möglichen Erfolgs- bzw. Misserfolgsszenarien. Eine bedingte Schätzung bedeutet in diesem Fall, dass man die Anzahl der Überlebenden jeweils nur in Abhängigkeit davon angibt, ob der Landeversuch erfolgreich verläuft oder nicht. In diesem Fall wären dies die folgenden zwei Schätzungen: Wie viel Menschen überleben unter der Bedingung, dass die Landung (1) erfolgreich ist bzw. (2) nicht erfolgreich ist. In jedem dieser beiden Fälle könnte man vergleichsweise einfach eine (reflektiert-intuitive) Schätzung abgeben. Ohne diese Aufteilung wäre es hingegen kaum möglich, eine fundierte Schätzung in die Ergebnismatrix einzutragen.

Durch ein solch explizites Hinzufügen eines Unsicherheitsfaktors mit den damit verbundenen bedingten Schätzungen machen Sie Ihre Ergebnismatrix zwar ein wenig größer, aber Sie machen es sich erheblich einfacher, fundierte Schätzungen beim Ausfüllen der Ergebnismatrix abzugeben.

> *Alex sieht insbesondere bei den beiden Klimaschutzoptionen eine sehr hohe Unsicherheit, weil der Erfolg alles andere als sicher ist. Für den Fall, dass das Projekt im Rahmen eines Start-ups umgesetzt wird, ist das Risiko natürlich besonders hoch. Hierbei wirkt sich die Unsicherheit auf mehrere Ziele aus. Besonders groß sind die Auswirkungen jeweils auf die finanzielle Sicherheit. Ebenso gibt es Auswirkungen auf das Gefühl der eigenen Kompetenz, was natürlich höher ist, wenn Alex das jeweilige Projekt zum Erfolg führen würde. Da sich ein Erfolg insbesondere auf das psychische Wohlergehen auswirkt und Alex bei Misserfolgen wieder mit Stress konfrontiert wird, entschließt sich Alex diesen Unsicherheitsfaktor auch in das Ziel Wohlbefinden zu integrieren. Bei beiden Unsicherheitsfaktoren für den Spin-off und den Start-up definiert Alex jeweils drei Entwicklungszustände. Den Entwicklungszustand „scheitert" für den Spin-off hält er mit 15 Prozent Wahrscheinlichkeit für relativ unwahrscheinlich, da Mainco einige Möglichkeiten hat, dieses Projekt zu forcieren. Am wahrscheinlichsten sieht er den Zustand „mäßig erfolgreich" mit 65 Prozent, „sehr erfolgreich" erhält von ihm 20 Prozent. Bei dem Start-up-Projekt liegt die Misserfolgseinschätzung „scheitert" mit 40 Prozent erheblich höher. Der Zustand „tragfähig" wird auf 40 Prozent geschätzt, „voller Erfolg" mit 20 Prozent. In allen anderen Fällen war Alex gut in der Lage, Ergebnisse auf der Basis der gewählten Skala einzutragen.*

| | Ziel 1<br>Möglichst hohes eigenes Wohlempfinden<br>(Gewicht 17,2%) | | | | Ziel 2<br>Möglichst viel Sinnhaftigkeit in meinen Tätigkeiten<br>(Gewicht 16,9%) | Ziel 3<br>Möglichst umfängliche Freude an meinen Leidenschaften<br>(Gewicht 10,5%) | Ziel 4<br>Möglichst viele und wertvolle soziale Bindungen (Gewicht 14,4%) | Ziel 5<br>Möglichst ausgeprägtes Gefühl der eigenen Kompetenz (Gewicht 18,3%) | | Ziel 6<br>Möglichst hohe finanzielle Sicherheit (Gewicht 22,6%) | |
|---|---|---|---|---|---|---|---|---|---|---|---|
| | Einflussfaktor | Indikator 1 physisches Wohlempfinden (Gewicht 2) | Indikator 2 psychisches Wohlempfinden (Gewicht 3) | Ergebnis | Verbaler Wert | Verbaler Wert | Verbaler Wert | Einflussfaktor | Verbaler Wert | Einflussfaktor | Numerischer Wert |
| Alternative 1<br>Spin-off von Mainco mit Klimaschutz-Projekt | Erfolg des Spin-Offs: scheitert (15%) mäßig erfolgreich (65%) sehr erfolgreich (20%) | 4<br>4<br>4 | 5<br>3<br>2 | 4,6 Note<br>3,4 Note<br>2,8 Note | sehr viel | mittel | mittel | Erfolg des Spin-Offs: scheitert (15%) mäßig erfolgreich (65%) sehr erfolgreich (20%) | mittel<br>stark<br>sehr stark | Erfolg des Spin-Offs: scheitert (15%) mäßig erfolgreich (65%) sehr erfolgreich (20%) | 6 Punkte<br>8 Punkte<br>10 Punkte |
| Alternative 2<br>Teilzeit bei Mainco und Boulder-Trainer | | 2 | 2 | 2 Note | wenig | groß | sehr viel | | stark | | 5 |
| Alternative 3<br>Start-up unter Freunden mit Klimaschutzprojekt | Erfolg des Start-ups: scheitert (40%) tragfähig (40%) voller Erfolg (20%) | 3<br>3<br>3 | 4<br>3<br>2 | 3,6 Note<br>3 Note<br>2,4 Note | sehr viel | mittel | viel | Erfolg des Start-ups: scheitert (40%) tragfähig (40%) voller Erfolg (20%) | mittel<br>stark<br>sehr stark | Erfolg des Start-ups: scheitert (40%) tragfähig (40%) voller Erfolg (20%) | 0 Punkte<br>5 Punkte<br>8 Punkte |
| Alternative 4<br>Hauptberuflicher Boulder-Trainer und Boxtraining für Jugendliche | | 1 | 2 | 1,6 Note | viel | sehr groß | viel | | mittel | | 1 |
| Alternative 5<br>Teilzeit bei Mainco und Boxtraining für Brennpunkt-Jugendliche | | 2 | 2 | 2 Note | viel | klein | mittel | | gering | | 4 |
| Alternative 6<br>Mainco mit eigenem Verantwortungsbereich | | 4 | 3 | 3,4 Note | sehr wenig | mittel | wenig | | stark | | 9 |

Abbildung 26: Ergebnismatrix von Alex nach dem vierten Schritt

### Was bietet das ENTSCHEIDUNGSNAVI in diesem vierten Schritt?

Im Mittelpunkt dieses Schrittes steht im ENTSCHEIDUNGSNAVI stets die Ergebnismatrix, die zunächst noch leer ist, dann aber sukzessive von Ihnen ausgefüllt wird. Zunächst müssen Sie im Tool hierfür Skalen für alle Ziele definieren. Hierbei können Sie neben den üblichen numerischen Skalen auch eigene Skalen mit entsprechend verbalen Bezeichnungen wählen. Auch konstruierte Skalen lassen sich entwickeln, in denen numerische Indikatoren mit im Grunde beliebigen Formeln verknüpft werden können.

Wenn Sie dann Ihre Schätzungen in die einzelnen Felder der Matrix eintragen, können Sie bei Bedarf für jedes Feld einen Unsicherheits- bzw. Einflussfaktor definieren. Für jeden Faktor sind hierbei zugleich mehrere mögliche Zustände anzugeben, wie es beispielsweise Alex bei dem Erfolg des Spin-offs mit den Zuständen „erfolgreich" und „nicht erfolgreich" angenommen hat. Unmittelbar mit einem Unsicherheitsfaktor ist auch die Notwendigkeit verbunden, für jeden Zustand eine Wahrscheinlichkeit anzugeben. Sollten Sie davor zurückschrecken, konkrete Wahrscheinlichkeiten angeben zu müssen, können wir Sie beruhigen. Wenn Sie keine genauen Zahlen angeben wollen, reicht es beispielsweise auch aus, ungefähre Schätzungen abzugeben. Häufig reichen nämlich auch schon ungenaue Angaben aus, um eine beste Entscheidung für Sie zu ermitteln.

Auch wenn durch die Berücksichtigung von Indikatoren und Unsicherheiten die Komplexität der Ergebnismatrix erheblich anwachsen kann, verlieren Sie im ENTSCHEIDUNGSNAVI nie die Übersicht. Sie steuern alle Eingaben aus der Ergebnismatrix und sehen hierbei, was Sie schon eingegeben haben und was noch fehlt.

**Was Sie in diesem Kapitel gelernt haben:**

- Mit Messskalen können die Ergebnisse der verschiedenen Handlungsoptionen vergleichbar gemacht werden.
- Eine gute Messskala ist wie ein Zollstock: unabhängig vom Anwender und frei von Interpretationsspielräumen.
- Es ist wichtig, die Qualität von Informationen kritisch zu hinterfragen. Insbesondere ein Self-Interest-Bias reduziert die Qualität erheblich.
- Verzerrungen entstehen unbewusst und verleiten zu vorschnellen Schlüssen.
- Typische Fallen sind: Scheuklappenfalle, Plausibilitätsfalle, Darstellungsfalle und Attributionsfalle.
- Menschen verhalten sich häufig nicht vernünftig, wenn sie Dissonanzen loswerden wollen.
- Selbstüberschätzung ist ein systematisches menschliches Phänomen.
- Mit hinreichender Entscheidungskompetenz kann man durch reflektiert-intuitive Schätzungen viel Aufwand sparen.

# 10

# SCHRITT 5: BEWERTEN UND ENTSCHEIDEN

In diesem fünften Schritt finden Sie die beste Handlungsoption heraus. Hierzu müssen Sie eine abwägende Bewertung aller Ergebnisse der Ergebnismatrix vornehmen und die analytischen Überlegungen mit Ihrem Bauchgefühl zusammenführen. Sie sollten dabei auf drei Punkte achten:

**Ganzheitliche Bewertung**
Sie müssen die Vor- und Nachteile der Optionen in einer ganzheitlichen Sichtweise gegeneinander abwägen.

**Kopf-Bauch-Übereinstimmung**
Arbeiten Sie solange an der Entscheidung, bis Ihr Kopf und Ihr Bauch auf die gleiche Lösung kommen.

**Praktikabilität**
Aufwand und Nutzen sollten auch in diesem Schritt in einem guten Verhältnis stehen.

## GANZHEITLICHE BEWERTUNG

Die fertig ausgefüllte Ergebnismatrix aus dem vierten Schritt bietet eine ausgezeichnete Grundlage für den fünften Schritt. Denn in diesem Schritt ist unter Berücksichtigung aller Vor- und Nachteile der Optionen die beste Option herauszufinden. In der Frage, wie man bei einer solchen reflektierten Betrachtung genau vorgehen kann, trifft man auf ein breites Spektrum unterschiedlicher Ansätze. An einem Ende dieses Spektrums finden sich reflektiert-intuitive Ansätze, wie sie von einem typischen Bauchentscheider bevorzugt werden. Am anderen Ende des Spektrums stehen analytische Methoden, die mit deutlich mehr Aufwand und Anspruch einhergehen und sich an den typischen Kopfentscheider wenden. Jedoch sind auch Wege zwischen diesen beiden Endpunkten vorstellbar.

Im Folgenden wollen wir zunächst einfache Ansätze für eine reflektiert-intuitive Bewertung präsentieren und dann ausführlicher auf die aufwendige Methodik einer analytischen Bewertung auf der Basis der multiattributiven Nutzentheorie (MAUT) eingehen.

## Reflektiert-intuitive Analyse der Ergebnismatrix

In einer ausgefüllten Ergebnismatrix sind zwar alle für die Entscheidungssituation wesentlichen Informationen sehr übersichtlich zusammengefasst, allerdings sind es in der Regel noch zu viele Informationen, um mit einem Blick die beste Option zu identifizieren. Wenn man sich noch einmal vor Augen führt, dass die maximale Anzahl von Informationseinheiten, die sich ein Mensch gleichzeitig merken kann, bei ungefähr sieben liegt, dann ist diese Grenze im Hinblick auf die Anzahl der Ergebnisfelder in der Matrix schnell überschritten. So enthält beispielsweise eine Ergebnismatrix mit nur drei Alternativen und vier Zielen schon zwölf Ergebniseinträge, die kaum noch ganzheitlich beurteilt werden können.

Um eine einfache ganzheitliche Bewertung der Ergebnismatrix durchzuführen, ist es also notwendig, das Augenmerk auf die wesentlichen Ergebnisse in der Ergebnismatrix zu lenken und alles Übrige nur noch anschließend und nachrangig zu berücksichtigen.

Eine Möglichkeit, dies umzusetzen, besteht darin, diejenigen Felder in der Matrix auffällig zu markieren, die von inhaltlich hoher Bedeutung sind. Dies wären in erster Linie die Ergebnisse, die die wesentlichen Vor- und Nachteile der Optionen ausmachen. So könnte man beispielsweise einen wesentlichen relativen Vorteil der jeweiligen Option grün (in der Abbildung dunkelgrau) markieren und die relativen Nachteile rot (in der Abbildung hellgrau). Alle nicht markierten Felder vernachlässigen Sie erstmal in der Betrachtung.

|  | ZIEL 1 | ZIEL 2 | ZIEL 3 | ZIEL 4 | ZIEL 5 |
|---|---|---|---|---|---|
| OPTION 1 | ... | ... | ... | ... | ... |
| OPTION 2 | ... | ... | ... | ... | ... |
| OPTION 3 | ... | ... | ... | ... | ... |
| OPTION 4 | ... | ... | ... | ... | ... |

Abbildung 27: Bewertung der Ergebnismatrix mit Farbkennzeichnung

Wenn es sich schon von vornherein um eine einigermaßen überschaubare Ergebnismatrix handelt, genügt dieses Vorgehen möglicherweise schon, um mit der Fokussierung auf die markierten Felder eine ganzheitliche Bewertung durchführen zu können. In der obigen Ergebnismatrix kristallisiert sich beispielsweise die Option 3 als die beste heraus. Diese Option ist mit drei wesentlichen Vorteilen und nur einem Nachteil deutlich besser als die anderen Optionen mit maximal einem Vorteil.

Bei größeren Entscheidungsmatrizen bietet es sich an, entweder zusätzlich oder alternativ zu dieser Methode die Nord-West-Methode anzuwenden und die Optionen und Ziele so zu ordnen, dass die wichtigsten Ergebnisfelder oben links in der Matrix erscheinen. In die erste Zeile schreiben Sie hierfür die Option, die nach Ihrem Bauchgefühl insgesamt die beste ist, die nächste Option ist die zweitbeste etc. Die Ziele ordnen Sie nach Ihrer Einschätzung der Wichtigkeit. Die erste Spalte stellt das wichtigste Ziel dar, dann folgt das zweitwichtigste etc.

|  | TOP 1 ZIEL | TOP 2 ZIEL | TOP 3 ZIEL | ... |
|---|---|---|---|---|
| INTUITIV BESTE OPTION | ... | ... | ... |  |
| INTUITIV ZWEITBESTE OPTION | ... | ... | ... |  |
| ... |  |  |  |  |

Abbildung 28: Nord-West-Bewertung der Ergebnismatrix

Unabhängig davon, ob Sie zusätzlich auch noch Felder besonders markiert haben, können Sie Ihr Augenmerk gut auf einige wenige Felder lenken und sich an einer ganzheitlichen Bewertung versuchen. Für den Fall, dass Ihre intuitiv beste Option sich in den wichtigsten Zielen als besser als die zweitbeste Option darstellt, haben Sie offenbar eine gute Harmonie zwischen Kopf und Bauch und einer Entscheidung für diese offenbar beste Option steht nichts mehr im Wege.

Für den Fall, dass sich ein Ergebnis nicht so klar herauskristallisiert, ist der Prozess des reflektierten Entscheidens noch nicht abgeschlossen. Sie müssen sich dann noch intensiver mit den Unterschieden zwischen den Optionen auseinandersetzen und sollten hierbei auch keine Ziele mehr außen vor lassen, sondern wirklich alle Zielaspekte in die Beurteilung einfließen lassen. Hierbei können Sie sich allerdings zur Reduzierung der Komplexität jeweils auf eine Betrachtung von nur zwei Optionen beschränken und diese vergleichen, damit Sie immer eine überschaubare Informationsmenge beurteilen. So starten Sie mit einem Vergleich von Option 1 mit 2, anschließend 2 mit 3 etc. Sollten Sie eine untere Option einmal besser finden als die oberen, verändern Sie einfach Ihre Reihenfolge.

Grundsätzlich gilt aber, dass in diesem Fall kein Weg daran vorbeiführt, dass Sie priorisieren. Sie müssen also entscheiden, ob ein bestimmter Vorteil in einem Ziel für Sie so bedeutend ist, dass Sie einen oder mehrere Nachteile in anderen Zielen in Kauf nehmen. Dieses Abwägen nimmt Ihnen niemand ab. Sollten Sie mit dieser reflektiert-intuitiven Vorgehensweise jedoch nicht zu einer Lösung kommen, steht Ihnen noch immer der Weg offen, sich im Rahmen einer analytischen Vorgehensweise noch intensiver in den Reflexionsprozess zu vertiefen.

> *Alex kommt mit dieser reflektiert-intuitiven Vorgehensweise grundsätzlich gut klar. Er beginnt damit, Felder farblich zu kennzeichnen und markiert alle Felder, in denen eine Handlungsoption*

*in einem Ziel überdurchschnittlich gut ist, in grün (dunkel) und alle unterdurchschnittlichen entsprechend rot (dunkelgrau). Was ihm dabei auffällt: Sowohl „Teilzeit bei MAINCO und Boulder-Trainer" als auch „Hauptberuflicher Boulder-Trainer und Boxtraining für Jugendliche" führen die Bewertung mit vier grünen (dunklen) Feldern an. Das überrascht Alex nur wenig. Diese beiden Handlungsoptionen hatte er schon nach der Auflistung in Schritt 2, die er aus dem Bauch heraus aufgestellt hatte, als am vielversprechendsten angesehen.*
*Um noch mehr Transparenz zu bekommen, wendet Alex zusätzlich die Nord-West-Methode an. Die Ziele, die Alex am wichtigsten sind (also finanzielle Sicherheit, Sinnhaftigkeit und Kompetenzgefühl), verschiebt er nun nach links. Dadurch verändert sich das Bild. Zwar bleiben die beiden Handlungsoptionen noch attraktiv (sie haben ja auch vier grüne [dunkle] Felder), aber eine andere Handlungsoption mit nur drei grünen (dunklen) Feldern rückt nun in den Fokus: „Spin-off von MAINCO mit Klimaschutzprojekt" ist überdurchschnittlich im Kompetenzgefühl und hat sowohl im Ziel „Sinnhaftigkeit" einen großen Vorteil als auch durch die weitere Anbindung an MAINCO eine gute finanzielle Absicherung.*

| | FINANZEN | SINN | KOMPETENZ | WOHLEMPFINDEN |
|---|---|---|---|---|
| MAINCO + BOULDER TRAINER | ... | ... | ... | ... |
| BOULDER TRANINER + BOXTRAINING | ... | ... | ... | ... |
| SPIN-OFF VON MAINCO MIT KLIMASCHUTZPROJEKT | ... | ... | ... | ... |

Abbildung 29: Alex' Bewertung

### Analytische Betrachtung des Nutzens in jedem einzelnen Ziel

Während das eben vorgestellte reflektiert-intuitive Vorgehen bewusst vereinfacht und das Augenmerk auf einzelne (wesentliche) Felder der Ergebnismatrix lenkt, wird in einer analytischen Herangehensweise grundsätzlich jedes Feld mit in die Bewertung einbezogen. Hierbei erfolgt in der MAUT zunächst einmal eine Bewertung der Ergebnisse jeweils innerhalb eines Ziels durch sogenannte Nutzenfunktionen. In einem zweiten Schritt werden dann die Ziele gewichtet und darauf aufbauend ein Gesamtnutzen berechnet. Zunächst aber zu dem ersten Schritt, den Nutzenfunktionen.

Für jedes Ziel gibt es eine eigene Nutzenfunktion. Eine Nutzenfunktion lässt sich hierbei als eine Formel verstehen, mit der die Ergebnisschätzungen für die einzelnen Optionen automatisch in Nutzenwerte überführt werden. Der „Nutzen" ist hierbei eine sehr abstrakte Größe, die lediglich den Zweck erfüllt, eine für alle Ziele einheitliche Skala zu liefern. Hierbei verständigt man sich in jedem Ziel auf eine Normierung mit einer Bandbreite, welche alle Ergebnisse der Optionen umfasst. Dem schlechtesten Ergebnis in dieser Bandbreite wird dann ein Nutzenwert von 0 zugewiesen, das beste Ergebnis in dieser Bandbreite erhält einen Wert von 1.

Mit dieser Normierung lassen sich nun auch für alle Zwischenwerte in einer Messskala Nutzenwerte festlegen. Abbildung 30 zeigt dies exemplarisch für eine Sterne-Bewertung, eine einfache verbale Skala und eine Punkteskala. Für die jeweils mittleren Werte der vier Skalen würde sich hierbei beispielsweise ein Nutzenwert von 0,5 ergeben.

Abbildung 30: Normierung aller Skalen auf die Einheit Nutzen

Eine solche linear-proportionale Überführung der Nutzenwerte beschreibt jedoch nur einen einfachen Spezialfall. So kann es vorkommen, dass eine solche lineare Überführung eine zu starke Vereinfachung der Realität darstellt. Stellen Sie sich vor, Sie würden an einer Lotterieausspielung teilnehmen und könnten verschiedene Geldbeträge gewinnen. Als Fundamentalziel wählen wir „möglichst hoher Geldgewinn" und messen dies auf einer Euroskala. Wenn Sie nun Geldbeträge zwischen 0 und 1.000.000 € gewinnen könnten, dann wäre das die Bandbreite Ihrer Messskala. Die schlechteste Ausprägung von 0 € hätte einen Nutzen von 0 und die beste Ausprägung in Höhe von 1.000.000 € entsprechend einen Nutzen von 1. Eine lineare Nutzenfunktion, wie wir sie gerade angenommen haben, würde nun unterstellen, dass eine mittlere Ausprägung von 500.000 € Gewinn einem mittleren Nutzen von 0,5 entspricht.

Mit einer nicht-linearen Nutzenfunktion könnte man hingegen zum Ausdruck bringen, dass ein Geldbetrag von 500.000 € für Sie möglicherweise einen größeren (bzw. theoretisch auch kleineren) Mehrwert mit sich bringt. Überlegen Sie doch einfach mal, was Sie mit 500.000 € anstellen würden und wie glücklich Sie wären! Nun überlegen Sie, was Sie mit 1.000.000 € machen würden. Wären Sie dann doppelt so glücklich? Nur wenn dem so wäre, wäre die lineare Bewertung die richtige. Vermutlich freuen Sie sich über die 1.000.000 € zwar sehr, aber eben nicht doppelt so stark. Dieses Phänomen nennt man in der Wissenschaft abnehmender Grenznutzen: Je mehr Sie von etwas Wünschenswertem haben, desto weniger zusätzlichen Wert stiftet dann ein Quäntchen mehr davon. Sie können dies gut mit Ihrer Freude vergleichen, die Sie bei drei Gläsern Mineralwasser nach dem Ausdauersport empfinden. Das erste Glas begehren Sie außerordentlich, das zweite ist auch noch sehr angenehm und das dritte hat nur noch einen geringen zusätzlichen Nutzen.

Neben einem abnehmenden Grenznutzen müssen Nutzenfunktionen allerdings noch eine weitere Komponente Ihrer Präferenzen berücksichtigen, und zwar Ihre persönliche Risikobereitschaft. Nutzenfunktionen für sehr risikoscheue Menschen sehen nämlich anders aus als solche für risikofreudige Menschen. Das müssen wir wiederum genauer erklären.

Stellen Sie sich vor, Sie sind Kandidat in einer Quizsendung mit ähnlichen Regeln wie bei „Wer wird Millionär?". Sie haben schon einige Quizfragen richtig beantwortet und hätten nun die Qual der Wahl: Entweder können Sie sich einen Betrag von 500.000 € auszahlen lassen oder Sie versuchen, mit der Beantwortung der gerade vorliegenden Frage auf einen Gewinn von 1.000.000 € zu kommen. Falls Sie falsch antworten, erhalten Sie nichts. Die Wahrscheinlichkeit, dass Sie gewinnen, schätzen Sie auf genau 50 % ein, also genau so wie bei einem Münzwurf. Welchen Nutzen hat die Option „Weitermachen" für Sie?

In der MAUT rechnet man in einem solchen Fall mit einem Erwartungswert des Nutzens, d. h. 50 % mal dem Nutzenwert bei 0 € plus 50 % mal dem Nutzenwert von 1.000.000 €. Dies wäre dann also 0,5 x 0 + 0,5 x 1 = 0,5. Hätten wir eine lineare Nutzenfunktion, also keinen abnehmenden Grenznutzen, so wäre dies derselbe Nutzen wie bei einem Betrag von 500.000 €. Aber die meisten würden sicherlich in dieser Situation nicht das Risiko wählen und somit dem sicheren Betrag einen höheren Nutzen zuweisen als dem Weitermachen.

Was wäre nun aber, wenn der Spielleiter sein Angebot zurückzieht und Ihnen nicht mehr 500.000 € bietet, wenn Sie aufhören, sondern nur 400.000 €, 300.000 € oder noch weniger, vielleicht nur noch 200.000 €? Irgendwann wäre der Punkt erreicht, bei dem Sie doch lieber spielen. Um Ihre persönliche Nutzenfunktion für diese Situation zu bestimmen, müssen Sie den Betrag angeben, bei dem Sie das Weitermachen mit dem Quiz genauso gut finden wie den sicheren Betrag. Abbildung 31 zeigt auf der rechten Seite beispielsweise die Nutzenfunktion eines Menschen, der bei einem sicheren Betrag von 250.000 € denselben Nutzenwert von 0,5 hat wie der Erwartungswert des Nutzens beim Weiterspielen um die 1.000.000 €.

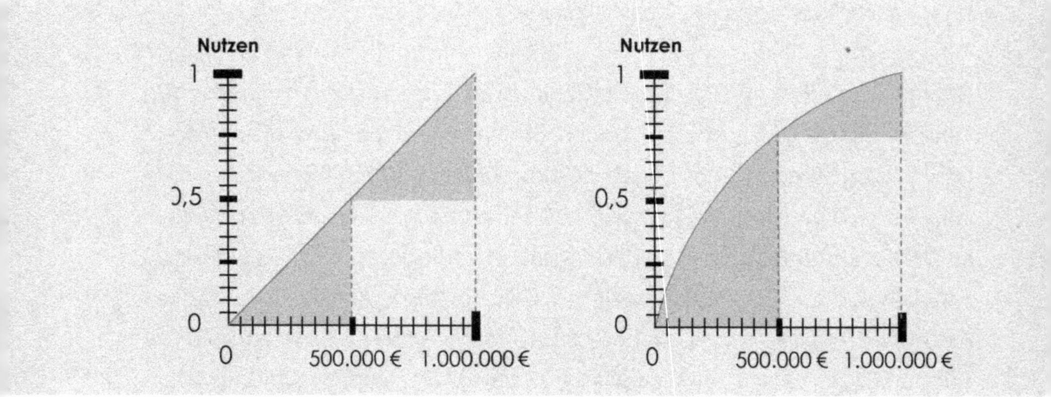


Abbildung 31: Lineare oder nicht lineare Nutzenfunktion

Je weniger risikobereit Sie sind, desto niedriger würde der Betrag ausfallen. Sehr risikoscheue Menschen würden also schon bei einem kleinen

Betrag das Quiz abbrechen. Genau dasselbe gilt aber auch, wenn der Grenznutzen des Geldes stark abfällt. Je geringer dieser Grenznutzen eines höheren Gewinns wird, desto eher ist man bei geringeren sicheren Beträgen bereit, das Spiel mit dem jeweiligen Betrag in der Tasche zu beenden.

**NUTZENFUNKTIONEN ÜBERFÜHREN ALLE ERGEBNISSE AUS DER ERGEBNISMATRIX IN NUTZENWERTE. NICHT LINEARE NUTZENFUNKTIONEN KÖNNEN AUCH EINEN ABNEHMENDEN GRENZNUTZEN UND EINE INDIVIDUELLE RISIKOBEREITSCHAFT BERÜCKSICHTIGEN.**

Glücklicherweise müssen Sie sich bei der Angabe der Nutzenfunktion nicht damit auseinandersetzen, ob nun Ihre möglicherweise mangelnde Risikobereitschaft oder ein abnehmender Grenznutzen dafür verantwortlich ist, welchen Betrag Sie veranschlagen. In der Nutzenfunktion fließen die beiden Aspekte ohnehin zusammen. Wer mit Nutzenfunktionen arbeitet, sollte dies zumindest von der grundlegenden Idee verstanden haben.

> *Obwohl Alex schon zu einer intuitiv-reflektierten Präferenz für die Option „Spin-off von MAINCO mit Klimaschutzprojekt" gekommen war, reizt es ihn, diese Entscheidung auch noch mal mit einem analytischen Vorgehen zu überprüfen.*
> *Alex greift für den analytischeren Weg auf das ENTSCHEIDUNGSNAVI zurück. Die Veränderungen, die er dabei in diesem Schritt vornimmt, beziehen sich vor allem auf das Ziel „finanzielle Sicherheit". Alex ist sich wieder einmal sehr klar darüber, wie wenig er eine Spielernatur ist, und möchte das vor allem in den finanziellen Aspekten abbilden. Daher ist ihm daran gelegen, ein gewisses Maß an Risikoscheu in diesem Ziel abzubilden und wählt hier eine Nutzenfunktion, die zumindest leicht rechtsgekrümmt ist.*

## Die Gewichtung der Ziele im analytischen Vorgehen

Sobald die Nutzenfunktionen für jedes Ziel ermittelt sind, kann nunmehr jede Option durch seine Nutzenwerte in jedem Ziel charakterisiert werden. Hierüber lässt sich grundsätzlich auch gut ein Gesamtnutzenwert für jede Option ableiten. Ein pragmatischer Ansatz besteht darin, den Anwender explizit pauschale Zielgewichte angeben zu lassen und einen entsprechend gewichteten Durchschnitt zu berechnen. Der Anwender kann beispielsweise die Zielgewichte in Prozent angeben, wobei die Summe aller Zielgewichte bei 100 Prozent liegt. Der mit diesen Zielgewichten ermittelte Gesamtnutzenwert liegt dann ebenfalls in einem Bereich zwischen 0 und 1. Die Option mit dem höchsten Gesamtnutzenwert wird als die beste herausgestellt.

Diese pauschale Angabe von Zielgewichten ist zwar sehr einfach in der Durchführung, aber nicht sehr valide in der Aussagekraft. Wir wollen dies an einem Beispiel erläutern. Was würden Sie antworten, wenn Sie gefragt würden, was Ihnen wichtiger sei: Gesundheit oder Geld? Nahezu alle Menschen, denen wir diese Frage auch schon lange vor der Corona-Pandemie gestellt haben, antworten mit „Gesundheit". Ja, es gibt nichts Wichtigeres als die Gesundheit.

Jetzt stellen Sie sich bitte vor, Sie könnten zwischen zwei Handlungsoptionen wählen. In der ersten Handlungsoption würden Sie eine Million Euro dafür erhalten, dass Sie für eine Woche einen leichten Infekt ertragen müssten. In der zweiten Handlungsoption bliebe Ihnen dieser Infekt erspart, aber leider auch das Geld. Was würden Sie wählen? Kaum einer, den wir dies gefragt haben, wollte auf das viele Geld verzichten. Eigentlich ist dies ein klarer Widerspruch zur Aussage, dass die Gesundheit wichtiger ist als das Geld. Die Befragten argumentieren jedoch immer, dass es bei so kleinen Unterschieden in der Gesundheit und bei einer so großen Menge an Geld natürlich (!) etwas Anderes sei.

Wir wollen mit diesem Beispiel veranschaulichen, dass pauschale Angaben über Wichtigkeiten im Grunde keine Aussagekraft haben, wenn nicht genau definiert wird, in welcher Bandbreite die jeweiligen Ziele betrachtet werden. Es ist unmittelbar einleuchtend, dass bei einer Bandbreite von „leichter Infekt" (Nutzenwert = 0) bis „kein Infekt" (Nutzenwert = 1) ein geringeres Zielgewicht angegeben werden muss als bei einer Bandbreite von „schwerste, lebensbedrohende Krankheit" (Nutzenwert = 0) bis „blühende Gesundheit" (Nutzenwert = 1). Dasselbe gilt für das Ziel „Geld". Es macht einen großen Unterschied, ob sich die Bandbreite auf wenige Euro bezieht oder eine Million Euro.

**PAUSCHALE WICHTIGKEITSAUSSAGEN SIND MIT GROSSER VORSICHT ZU BETRACHTEN UND HABEN OHNE EINE UNTERSTELLTE BAND-BREITE NUR EINE GERINGE AUSSAGEKRAFT.**

In der MAUT werden deshalb die Zielgewichte nicht in dieser pauschalen Vorgehensweise bestimmt, sondern mit der sogenannten „Trade-off-Methode". In dieser Methode werden jeweils immer nur zwei Ziele gegenübergestellt und die relativen Wichtigkeiten dieser beiden Ziele anhand konkreter Ergebnisse in den Zielen verglichen. Dies wollen wir an einem Beispiel veranschaulichen.

Stellen Sie sich bitte einmal vor, dass Sie in der Beurteilung verschiedener Jobofferten die beiden Ziele „Jahreseinkommen" und „wöchentliche Arbeitszeit" heranziehen. Ein Trade-off zwischen diesen beiden Zielen besteht nun genau darin, zwei Ergebnispaare zu finden, die Sie exakt gleich bewerten. Vorstellbar wäre beispielsweise, dass Sie einen Job mit einer wöchentlichen Arbeitszeit von 35 Stunden und einem Jahreseinkommen von 50.000 € genauso gut bewerten wie einen Job mit durchschnittlich 50 Stunden Arbeitszeit, dafür aber 75.000 € Jahreseinkommen. Für die 15 Stunden Mehrarbeit würden Sie also ein um 25.000 € höheres Einkommen verlangen.

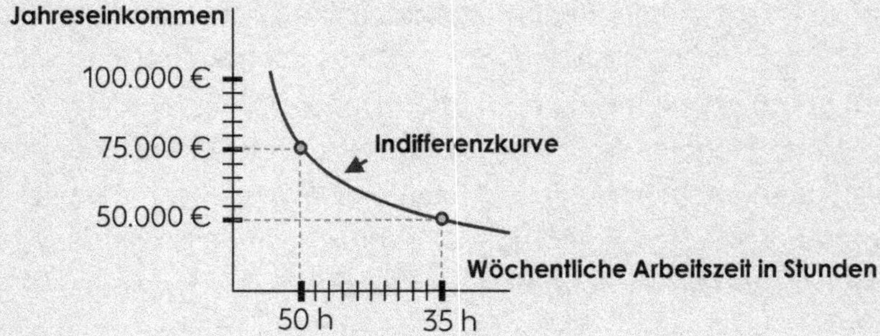


Abbildung 32: Ermittlung eines Trade-offs

Wie in Abbildung 32 veranschaulicht ist, wird es viele derartige Trade-offs geben, die allesamt auf einer sogenannten Indifferenzkurve abgebildet werden könnten. Also nicht nur die beiden explizit benannten Ergebnispaare, sondern letztlich alle Ergebnispaare auf dieser Kurve würden gleich bewertet werden. In der Anwendung der Trade-off-Methode genügt es jedoch, lediglich zwei Ergebnispaare festzulegen, die Indifferenzkurve dient hier nur der Veranschaulichung.

Auf der Basis des oben genannten Trade-offs kann nun valide auf die Zielgewichte zurückgeschlossen werden. Dies erfolgt in der MAUT immer in Abhängigkeit der jeweils gewählten Bandbreiten. Wenn die Bandbreiten für die wöchentliche Arbeitszeit beispielsweise zwischen 50 h (Nutzenwert = 0) und 35 h (Nutzenwert = 1) und im Jahreseinkommen zwischen 50.000 € (Nutzenwert = 0) und 75.000 € (Nutzenwert = 1) gewählt werden, dann kommt die Trade-off-Methode zu dem Ergebnis, dass beide Zielgewichte gleich groß sind. So ist die Nutzendifferenz sowohl im Einkommen genau gleich 1 (Nutzen von 35 h minus Nutzen von 50 h), ebenso ist auch die Nutzendifferenz im Ziel Arbeitszeit genau gleich 1 (Nutzen von 75.000 € minus Nutzen von 50.000 €). Da nun auch der mit den Zielgewichten gewichtete Gesamtnutzen bei beiden Ergebnispaaren gleich sein muss, müssen auch die Zielgewichte gleich sein.

Würde man im Berechnungsmodell beim Einkommen aber beispielsweise auf eine Bandbreite von 50.000 € (Nutzenwert = 0) und 100.000 € (Nutzenwert = 1) wechseln, dann müsste das Zielgewicht für das Jahreseinkommen aufgrund der größeren Bandbreite ebenfalls größer ausfallen. Die berechnete Nutzendifferenz zwischen 75.000 € und 50.000 € wäre auf der Basis dieser neuen größeren Bandbreite dann deutlich kleiner als 1, bei einer linearen Nutzenfunktion läge die Nutzendifferenz z.B. genau bei 0,5. Das Zielgewicht müsste sich in diesem Fall sozusagen als Ausgleich zu der gestiegenen Bandbreite verdoppeln. Dies ist letztlich genau der Wirkungszusammenhang zwischen Bandbreite und Zielgewichte, der im einführenden Beispiel „Gesundheit vs. Geld" skizziert wurde.

Sie merken, dass die Berechnung der Zielgewichte mit der Trade-off-Methode relativ schwierig wird, wenn alles mit der Hand auszurechnen ist. Dies gilt umso mehr, wenn das Zielsystem nicht nur zwei Ziele umfasst, sondern mehr. So benötigt man bei einem Zielsystem mit n Zielen genau n-1 Trade-offs, um alle Zielgewichte ableiten zu können.

> *Mit dem Bewusstsein, dass die Zielgewichte eine große Bedeutung für die ermittelte beste Option haben werden, ist Alex bereit, sich bei den Trade-offs sehr sorgfältig und bewusst Gedanken zu machen. Er entscheidet sich dafür, das Ziel „finanzielle Sicherheit" mit allen anderen Zielen zu vergleichen. Er stellt hierbei fest, dass er sich solche Gedanken noch nie in dieser konkreten Form gemacht hat und muss sich deshalb erst hineindenken. Am Ende empfindet er es aber als sehr wertvoll, sich in diesem Punkt klare Aussagen erarbeitet zu haben: ein wichtiger Bestandteil einer sehr eingehenden Reflexion.*
> *Letztlich führt seine Auswertung zu einer ähnlichen Gewichtung, wie er sie intuitiv geordnet hatte. Ihm fällt nun jedoch deutlich stärker auf, dass Sinnhaftigkeit, Wohlempfinden und*

*Kompetenzgefühl in ihrer relativen Wichtigkeit sehr nah beieinanderliegen. Darüber hinaus wird ihm umso mehr bewusst, wie wichtig ihm seine finanzielle Absicherung ist und wie viel Einfluss sein finanzielles Sicherheitsbedürfnis damit auf die Entscheidung hat.*

## KOPF-BAUCH-ÜBEREINSTIMMUNG

Damit man auch wirklich überzeugt ist, die richtige Entscheidung zu treffen, müssen Kopf und Bauch einer Meinung sein. Wenn Sie sich mit dem reflektiert-intuitiven Weg in der Bewertung der Ergebnismatrix begnügt haben, sind Sie möglichen Diskrepanzen zwischen Kopf und Bauch sozusagen etwas aus dem Weg gegangen. So haben Sie letztlich eine Bauchentscheidung getroffen, auch wenn Sie durch die Vorarbeit schon ein großes Maß an Reflexion vorweisen können.

Für den Fall, dass Sie jedoch auch den analytischen Weg ganz zu Ende gehen und explizit eine Rangfolge von Gesamtnutzenwerten für jede Option berechnen, sollten Sie an dieser Stelle noch einmal ganz bewusst die Übereinstimmung zwischen Kopf und Bauch überprüfen. Hören Sie also noch einmal eingehend auf Ihren Bauch. Stellen Sie sich so bildlich wie möglich vor, Sie würden sich für die analytisch hergeleitete Handlungsoption entscheiden und diese umsetzen. Wie fühlen Sie sich damit? Freuen Sie sich oder hadern Sie doch recht stark damit? Stellen Sie sich vor, Sie würden einem guten Freund oder Verwandten berichten, für welche Handlungsoption Sie sich entschlossen haben. Würden Sie sich auf das Gespräch freuen oder eher Vorbehalte haben? Dies sind alles Indizien, anhand derer Sie mehr über Ihr Bauchgefühl in der spezifischen Situation lernen können. Vielleicht hatten Sie auch schon zu Beginn des gesamten Entscheidungsprozesses ein klares Gefühl im Bauch, welche Option Sie wählen sollten. Hat sich etwas an diesem Gefühl geändert?

Auf die Frage, was zu tun ist, wenn Ihr Bauch Option A möchte und die Analytik auf Option B verweist, sind wir im Kapitel 4 schon einmal kurz eingegangen: Ihre Intuition könnte zum Beispiel durch einen oder mehrere Bias-Faktoren in Richtung der Option A verzerrt sein, obwohl B eigentlich besser ist. Es könnte aber auch sein, dass das analytische Modell zu einfach formuliert ist, sodass fälschlicherweise die Option B ausgegeben wird, obwohl die Option A besser ist. Woran es im konkreten Fall genau liegt, gilt es bei einer auftretenden Diskrepanz zwischen Kopf und Bauch mit einer erneuten Reflexion eingehend zu überprüfen. Wir können nach den Erläuterungen in den letzten Kapiteln nun etwas konkreter als in Kapitel 4 die möglichen Ursachen benennen.

Dass Sie die Intuition in die falsche Richtung lenkt, liegt häufig daran, dass man sich selbst etwas vormacht. Man ist hier entweder Opfer einer Dissonanzfalle oder unterliegt einer Selbstüberschätzung. Ebenso kann Ihre verzerrte Bauchentscheidung auch daraus resultieren, dass Sie vorschnelle Schlüsse gezogen haben. Die vier häufigsten Fallen haben Sie mit der Scheuklappenfalle, der Plausibilitätsfalle, der Darstellungsfalle oder der Attributionsfalle kennengelernt. Finden Sie also heraus, ob Ihr Bauchgefühl nicht von einer dieser Fallen beeinflusst wird. Versuchen Sie hierbei ehrlich mit sich selbst zu sein.

### Das analytische Modell kann in dreierlei Sicht noch unausgereift sein:

**Fehler in der Strukturierung der Ergebnismatrix:** Erstens ist es möglich, dass Sie in der Strukturierungsphase – also im grundlegenden Aufbau der Ergebnismatrix – etwas übersehen haben. Hierbei ist weniger daran zu denken, dass Optionen übersehen wurden, denn diese wären auf dem intuitiven Weg ebenfalls nicht präsent. Eine Diskrepanz könnte also deshalb nicht auftreten. Vielmehr kann es sein, dass relevante Ziele nicht in der Ergebnismatrix auftauchen. Wie in Kapitel 4 erläutert, ist dies sogar recht häufig bei Zielen zu beobachten, die weiche und nicht klar zu artikulierende Faktoren, wie zum Beispiel das antizipierte Wohlbefinden, darstellen. Eine Hereinnahme der vernachlässigten Ziele kann die Diskrepanz möglicherweise direkt auflösen.

**Verzerrte Einschätzungen in der Ergebnismatrix:** Zweitens können Sie die Ergebnismatrix mit verzerrten Schätzungen gefüttert haben. Die Ursachen sind hierbei exakt dieselben, die wir eben bei der Bauchentscheidung aufgeführt haben: die vier Fallen eines vorschnellen Schlusses und die Dissonanzfalle sowie die Selbstüberschätzung. Jede einzelne Wirkungsprognose kann eine diesbezügliche Verzerrung aufweisen. Dies gilt auch für Wahrscheinlichkeiten, wenn Sie Unsicherheitsfaktoren im Modell berücksichtigt haben. Vielleicht haben Sie beispielsweise die Wahrscheinlichkeit für den Erfolg eines eigenen Projektes auf der Basis eines Inside Views und einer Selbstüberschätzung zu hoch angesetzt. Gehen Sie also alle in die Ergebnismatrix eingetragenen Einschätzungen noch einmal durch und überprüfen Sie, ob alle Schätzungen wirklich realistisch sind.

**Fehlerhafte Auswertungen der Ergebnismatrix:** Drittens kann auch die Auswertung der Ergebnismatrix fehlerbeladen sein. Vielleicht sind es die Nutzenfunktionen, die nicht Ihre wahren Präferenzen wiedergeben. Wesentlich häufiger werden Sie jedoch die Ursachen in einer zu oberflächlich vorgenommenen Zielgewichtung finden. Möglicherweise haben Sie ein ursprüngliches Fundamentalziel erheblich detaillierter aufgesplittet als alle anderen und diesen resultierenden Teilaspekten durch den Splitting-Bias eine ungerechtfertigt hohe Bedeutung beigemessen. Vielleicht haben Sie auch auf die Ermittlung von Trade-offs gänzlich verzichtet und nur pauschale Zielgewichte vergeben, die dann natürlich nicht sehr fundiert sind. In diesem Fall ist es sinnvoll, die Trade-offs nachzuholen und so die Diskrepanzen aufzulösen. Doch selbst wenn Sie die Trade-offs durchlaufen haben, können Ihnen auch hier Fehler unterlaufen sein. Haben Sie wirklich nur die Unterschiede in den beiden genannten Zielen betrachtet oder unbewusst auch eine möglicherweise verknüpfte Veränderung in einem anderen Ziel mitbewertet? Beispielsweise dürften Sie in einem Trade-off zwischen „Einkommen" und „wöchentliche Arbeitszeit" nicht unterstellen, dass ein besser bezahlter Job möglicherweise mehr Spaß macht und Sie bei einem höheren Einkommen nur wegen des damit verbundenen Spaßes bereit wären, mehr Arbeitsstunden zu akzeptieren. Es ist zwar nicht immer einfach, wirklich nur die beiden im Trade-off betrachteten Ziele zu berücksichtigen, aber darin liegt eben auch eine Fehlerquelle, wenn man es nicht macht.

Zusätzlich zu dieser inhaltlichen Überprüfung in der Strukturierung der Ergebnismatrix, den eingetragenen Schätzungen und der Auswertung ist es zur Aufdeckung von Diskrepanzen immer empfehlenswert, an allen Parametern des Modells ein wenig zu „spielen". Probieren Sie einfach einmal aus, was sich im Ergebnis verändert, wenn Sie an den Zielgewichten, Nutzenfunktionen oder an den Wahrscheinlichkeiten in den Einflussfaktoren Modifikationen vornehmen. Durch solch eine Sensitivitätsanalyse gewinnen Sie mehr Verständnis und Einsicht in die Funktionsweise des analytischen Modells. Es geht darum, die Entscheidungssituation und die grundlegenden Zielkonflikte besser zu verstehen, und nicht darum, einfach solange an den Parametern zu drehen, bis das Ergebnis mit dem Bauchgefühl übereinstimmt. Sie sollen erkennen, von welchen Parametern die Empfehlung vor allem abhängt und wie sensibel das Modell auf Veränderungen reagiert.

**NUTZEN SIE DIE DISKREPANZEN, UM IHRE WIRKLICHEN PRÄFERENZEN BESSER VERSTEHEN ZU LERNEN. VERSUCHEN SIE JEDOCH NICHT, DISKREPANZEN ZWISCHEN BAUCH UND KOPF DURCH BLOSSES VERÄNDERN VON PARAMETERN IM ANALYTISCHEN MODELL AUFZULÖSEN.**

Wenn nur eine kleine Veränderung die Empfehlung vollends umstößt, dann sollten Sie genau in diesen Parameter sehr viel Zeit investieren und diesen so genau wie möglich isoliert reflektieren. Sowohl das analytische Modell wird dadurch besser als auch Ihr Bauchgefühl.

Sie müssen verstehen, warum Sie sich für Ihre Handlungsoption und damit auch gegen alle anderen entschließen. Von Ihrem so stärker fundierten Verständnis hängt es ab, ob Sie von Ihrer Entscheidung letztlich überzeugt sind oder ob Sie im Anschluss mit Ihrer Entscheidung noch hadern werden. Es kann dabei durchaus sein, dass Sie es auch durch eine Reflexion nicht im ersten Versuch schaffen, Ihren Bauch und Kopf zusammenzubringen. Es kann dann sinnvoll sein, den gesamten Prozess einfach mal zu unterbrechen und darüber zu schlafen. In dem Entscheidungsratgeber „Entscheiden ist einfach" von Philip Meissner[19] wird dies als eine wichtige Strategie auf dem Weg zu einer Entscheidung herausgestellt. Über Nacht verarbeitet das Gehirn nämlich emotionale Erlebnisse. Das kann dazu führen, dass man die Entscheidung in einem anderen Licht sieht, dadurch an Zuversicht gewinnt und die Entscheidung auch umsetzen will.

> *Alex versucht nun, die Handlungsoption zu identifizieren, mit der er sich am wohlsten fühlt. In seiner ersten intuitiven Rangfolge nach dem zweiten Schritt standen die beiden Handlungsoptionen „Teilzeit bei Mainco und Boulder-Trainer" und „Hauptberuflicher Boulder-Trainer und Boxtraining für Jugendliche" ganz oben. Dies wurde zwar zunächst durch eine erste Analyse gestützt, da beide Handlungsoptionen mit vier grünen Feldern (also Vorteilen) sehr gut dastehen, allerdings änderte sich das unter Berücksichtigung der relativen Wichtigkeiten der Ziele in der Nord-West-Methode. Dort rückte nämlich „Spin-off von Mainco mit Klimaschutzprojekt" in den Fokus.*

*Auch das ENTSCHEIDUNGSNAVI, das mit den Eingaben von Alex Gesamtnutzenwerte für alle Optionen berechnet hat, rückt die Spin-off Idee in den Vordergrund. Im Ergebnis stellt sich hierbei für die Option „Spin-off von MAINCO mit Klimaschutzprojekt" der höchste Gesamtnutzenwert ein.*

*Alex schaut sich die Unterschiede also noch mal genauer an und überlegt, warum eine Abweichung zwischen seinem ersten Bauchgefühl und seinen letzten Auswertungen entstanden ist. Seine erste Rangfolge war vor allem dadurch beeinflusst, wie viele Vorteile eine Handlungsoption als Boulder-Trainer mit sich bringt. Er war sehr euphorisch bei dem Gedanken wieder mehr zu Bouldern, dadurch mehr Freude an seinen Leidenschaften zu haben und auch seine sozialen Bindungen mehr zu stärken. Er hatte sich ausgemalt, wie er als Boulder-Trainer durch die Halle schlendern würde, motivierten Sportlern Hilfestellungen geben könnte und möglicherweise auch wieder so gut werden würde, dass er die Hallenmeisterschaft gewinnen könnte.*

*Wie ihm nun bewusst wird, hatte er sich diese Dinge zwar nicht zu schön gemalt, ist aber mit Sicherheit einem gewissen Inside View unterlegen. Er hatte Scheuklappen auf und sich von den vielen Vorteilen mitreißen lassen und ein wenig das große Ganze außer Acht gelassen. Zwar ist das Bedürfnis nach finanzieller Sicherheit recht abstrakt und nur einfach im Zielsystem gelistet, dennoch ist es genau das Ziel mit der größten Auswirkung auf die Entscheidung. Und auf diesen Trade-off läuft es am Ende hinaus. Ist Alex bereit Abstriche in seinem Sicherheitsbedürfnis in Kauf zu nehmen, um seinen Leidenschaften wieder stärker nachzugehen?*

*Seine Arbeit mit dem ENTSCHEIDUNGSNAVI ergab, dass er dazu nicht bereit ist – zumindest nicht im dafür erforderlichen Maße. Wenn er seine wichtigsten Ziele noch einmal nüchtern betrachtet, dann ist er davon überzeugt, dass die Vorteile der Handlungsoption „Spin-off von MAINCO mit Klimaschutzprojekt" in seinen wichtigsten Zie-*

*len „Sinn", „Kompetenzwahrnehmung" und „finanzielle Sicherheit" die vielen Vorteile der Handlungsoptionen als Boulder-Trainer überwiegen. Deswegen entschließt er sich, nun aktiv seine Idee zum Klimaschutzprojekt zu verfolgen und sein eigenes Konzept auszuarbeiten und zu finalisieren, welches er Mainco vorschlagen möchte. Sollte das nicht klappen, dann könnte er immer noch seine Stelle reduzieren und in der Boulder-Halle als Trainer anfangen. In jedem Fall ist er sehr froh, nun eine Entscheidung getroffen zu haben, mit der er selbst seine Situation bei Mainco erheblich verbessern und seine Lebensqualität steigern wird.*

## PRAKTIKABILITÄT

Wir haben in diesem Kapitel mit einem sehr einfachen, reflektiert-intuitiven Vorgehen zur Bewertung der Entscheidungsmatrix und mit der wissenschaftlich-analytischen MAUT-Vorgehensweise die beiden Pole vorgestellt, wie Sie diesen fünften Schritt durchlaufen können. Welche Vorgehensweise Sie im konkreten Anwendungsfall wählen, hängt einerseits von Ihrer Neigung zu analytischen Modellansätzen und andererseits von der Bedeutung der Entscheidung für Sie bzw. von der Zeit ab, die Sie investieren wollen.

ENTSCHEIDUNGSKOMPETENZ BEDEUTET, ZUM RICHTIGEN ZEITPUNKT UND AN DER RICHTIGEN STELLE VEREINFACHUNGEN VORZUNEHMEN, UM DEN AUFWAND PASSEND ZUR BEDEUTUNG DER ENTSCHEIDUNGSSITUATION ZU WÄHLEN.

Der Aufwand einer vollständigen MAUT-Analyse mit einer Bestimmung von Nutzenfunktionen für jedes Ziel und einer Zielgewichtung auf der Basis nicht immer einfach zu ermittelnder Trade-offs ist sicherlich hoch. Dies gilt in besonderem Maße auch dann, wenn es zu Diskrepanzen zwischen Kopf und Bauch kommt und sehr fundiert alle einzelnen Parameter noch mal überprüft und reflektiert werden müssen. Insofern ist es zweifelsfrei nicht sinnvoll, diesen Aufwand in jeder Entscheidung zu betreiben. Dies wäre nicht mit unserem Verständnis von Entscheidungskompetenz vereinbar.

Bei den Nutzenfunktionen liegt hier ein großes Potenzial. Die konkrete Ermittlung einer Nutzenfunktion für ein Ziel kann nämlich recht aufwendig sein, wenn Grenznutzenüberlegungen quantifiziert werden müssen und Präferenzen gegenüber unsicheren Entscheidungssituationen im Ermittlungsprozess erfragt werden. Zugleich sind die Auswirkungen unterschiedlicher Ausgestaltungen einer Nutzenfunktion auf das Ergebnis eher gering. In eigenen Studien konnten wir zeigen, dass sich in 90 Prozent der Fälle keine Auswirkung auf die Entscheidungsempfehlung ergibt, wenn anstelle der sorgfältig ermittelten Nutzenfunktionen der Einfachheit halber pauschal lineare Funktionen unterstellt werden. Wenn es sich also nicht um eine sehr wichtige Entscheidungssituation handelt, dann kann man sich bei der Ermittlung von Nutzenfunktionen häufig einigen Aufwand sparen.

Anders gestaltet sich die Gewichtung der Ziele. Da es in nahezu allen Entscheidungssituationen Zielkonflikte gibt und die beste Option deshalb erheblich von den gewählten Zielgewichten abhängt, sollte man hier nicht vorschnell zu pragmatisch vorgehen. Es ist in der Tat kritisch zu sehen, auf eine pauschale Gewichtung der Ziele überzugehen, nur um den großen Aufwand von Trade-offs zu sparen. Sie sollten dem Ergebnis nicht übermäßig vertrauen. Wer sich allerdings gar nicht mit der Ermittlung von Trade-offs anfreunden kann oder sich keine fundierte Angabe in der konkreten Situation zutraut, sollte zumindest verschiedene Zielgewichte ausprobieren und sich im Sinne der eben beschriebenen Kopf-Bauch-Annäherung an ein besseres Verständnis des Modells heranbewegen. Unsere Empfehlung zur Erlangung einer Entscheidungskompetenz ist es, sich einmal in einer weniger komplexen Entscheidungssituation sozusagen zu Trainingszwecken sehr intensiv mit Trade-offs auseinanderzusetzen und einmal den gesamten Prozess zu durchlaufen. Das hierüber erlangte Grundverständnis für einen Trade-off wird Ihnen dabei helfen, auch bei pragmatischen Vorgehensweisen realistischere Einschätzungen abzugeben.

Einen höheren Aufwand der Entscheidungsanalyse haben Sie auch, wenn Sie sich nicht nur die Gesamtnutzenwerte der Optionen berechnen und dann einfach die beste Option auswählen, sondern verschiedene Auswertungen erzeugen. So können neben den Gesamtnutzenwerten auch detailliertere Übersichten erzeugt werden, wie die Optionen spezifisch in den Zielen abschneiden. Auch kann man sich relative Vor- und Nachteile z. B. der drei besten Optionen untereinander aufzeichnen lassen und die Entscheidung darüber noch einmal reflektieren. Für einen Kopf-Bauch-Abgleich sind dies sicherlich sehr wertvolle Auswertungsvarianten, allerdings gehen Sie natürlich mit Aufwand einher, der nicht immer gerechtfertigt ist. Bei Kopf-Bauch-Diskrepanzen in wichtigen Entscheidungen sollte man hierauf nicht verzichten. Falls keine Diskrepanzen vorliegen, kann man aber natürlich auf diese Auswertungen problemlos verzichten.

### Was bietet das Entscheidungsnavi in diesem fünften Schritt?

Das Entscheidungsnavi stellt für die ersten vier Schritte ein nützliches Tool dar, um die vorgestellten Teilschritte methodisch sauber geführt zu durchlaufen. Es lassen sich jedoch grundsätzlich alle Teilschritte bis zur Erstellung einer Ergebnismatrix auch mit Papier und Bleistift umsetzen. Wer im fünften Schritt den wissenschaftlichen Weg der MAUT-Analyse wählt, sollte jedoch spätestens hier auf das Entscheidungsnavi zurückgreifen. Die Ermittlung der Nutzenfunktion wird durch grafische Visualisierungen und einige Erläuterungen erheblich erleichtert. Gleiches gilt für die Herleitung von Trade-offs zur Bestimmung der Zielgewichte. Erleichtert wird die Arbeit auch noch durch die Möglichkeit, die eigenen Präferenzen nicht exakt angeben zu müssen, sondern lediglich durch Bereiche einzugrenzen.

Der größte Vorteil des Tools liegt allerdings in den unterschiedlichen Auswertungsmöglichkeiten, die für den beschriebenen Kopf-Bauch-Abgleich essenziell sind. Hierzu zählt beispielsweise eine grafische Aufbereitung von Vor- und Nachteilen von Optionen innerhalb beliebiger Vergleichsgruppen. Mit einer solchen Analyse lassen sich gut die Gründe für Diskrepanzen zwischen Kopf und Bauch lokalisieren. In gleicher Weise bietet das Tool auch Sensitivitätsanalysen, in denen beobachtet werden kann, wie sich die Rangfolgen mit Variation einzelner wichtiger Parameter, z. B. von Zielgewichten oder Wahrscheinlichkeiten, verändern. Genau solche Funktionalitäten sind wichtig, um das notwendige Verständnis für das analytische Modell zu erlangen und alle Zusammenhänge besser zu verstehen.

Wenn Sie bis jetzt noch keinen Blick in das Entscheidungsnavi gewagt haben, wird es nun langsam Zeit. Als ein Anwendungsbeispiel können Sie im Tool die Fallstudie „Alex" in einer noch ausführlicheren Form als hier im Buch aufrufen. Zum Anschauen der Alex-Fallstudie müssen Sie nur das Tool unter www.entscheidungsnavi.de starten und die Fallstudie „Alex" als Themenprojekt laden.

**Was Sie in diesem Kapitel gelernt haben:**

- Entscheidungen können auch fundiert auf der Basis der Ergebnismatrix aus dem Bauch heraus getroffen werden.
- Ein erhöhter Anteil an Analytik in der Entscheidungsfindung schafft Transparenz und ermöglicht eine kritische Reflexion der eigenen Präferenzen.
- Analytische Modelle ermöglichen Quantifizierung der Präferenzen, sodass die Nachvollziehbarkeit der Entscheidung maximiert wird.
- Kopf und Bauch fungieren als Kontrollsystem und erhöhen die Robustheit des Entscheidungsmodells.
- Überzeugung durch Transparenz und Nachvollziehbarkeit machen die Umsetzung der Entscheidung wahrscheinlicher.

# IHR BEITRAG AUF DEM WEG IN EINE ZIELORIENTIERTE ENTSCHEIDUNGSKULTUR

Nachdem wir uns zuletzt sehr mit den Details eines reflektierten Entscheidungsprozesses auseinandergesetzt haben, wollen wir zum Schluss dieses Buches noch einmal eine deutlich grundlegendere Perspektive einnehmen und Sie einladen, Ihren Beitrag auf dem Weg zu einer zielorientierten Entscheidungskultur zu leisten. Wir werben dafür, die Entscheidungskultur unserer Gesellschaft in den Blick zu nehmen und Veränderungen anzuregen. Jeder kann hier einen Beitrag leisten.

Unsere aktuelle Entscheidungskultur im gesellschaftlichen Zusammenleben kann mit dem Begriff „positionsorientiert" charakterisiert werden. Entscheidungen werden genau dann gesucht, wenn es ein Problem gibt und darauf reagiert werden muss. In diesem Zusammenhang neigen viele Beteiligte dazu, schnell eine Position einzunehmen. Der eine meint, man müsste den rechten Weg wählen, die andere meint, links wäre aber besser. Anderen Beteiligten gefallen ganz andere Wege noch viel besser. Man tauscht sich aus, liefert Argumente für seine Positionen und wägt vielleicht auch Vor- und Nachteile gegeneinander ab. Die Argumente der anderen, die eine andere Position vertreten, werden zwar wahrgenommen und mehr oder weniger auch inhaltlich aufgegriffen. Es dreht sich jedoch immer darum, diese zu entkräften und die eigenen Argumente in den Vordergrund zu stellen. Je nach Kooperationsbereitschaft, Verhandlungsgeschick und Machtposition der Beteiligten kommt es dann schlussendlich zu einer Entscheidung, häufig auch nur in Form eines vorübergehenden Teilergebnisses mit Aussicht auf weitere Entscheidungsrunden. Richtig zufrieden sind am Ende nur wenige. Die größte Zufriedenheit verspüren vielleicht noch diejenigen, die sich mit Ihrer Position am meisten durchsetzen konnten.

Mit einer solchen Entscheidungskultur sollten wir uns nicht einfach abfinden. Wir werben für eine zielorientierte Entscheidungskultur.

Abbildung 33: Entscheidungskulturen: Ein Ist-Soll-Vergleich

Wir halten einen Entscheidungsprozess für wünschenswert, wie er in der rechten Spalte dargestellt ist. Charakterisierend für diesen zielorientierten Entscheidungsprozess ist das frühe Reflektieren der Ziele, noch bevor Handlungsoptionen überhaupt diskutiert werden. Auch werden die Handlungsoptionen anschließend systematisch auf der Basis der definierten Ziele analysiert und bewertet. In einer Positionsorientierung gibt es hingegen keine explizite Analyse von Zielen. Hier wird stattdessen an sehr früher Stelle bereits eine Position für eine Handlungsoption ergriffen und in den Folgeschritten lediglich verteidigt. Eine Position kann man deshalb auch als (relativ unreflektierte) Vorentscheidung auffassen. Ziele werden allenfalls indirekt beim Austausch von Argumenten genannt.

Die Ursachen für die hier etwas vereinfacht dargestellte Ist-Entscheidungskultur liegen im Wesentlichen in zwei Bereichen. Zum einen sind es verschiedene psychologische Phänomene, die eine Rolle spielen, zum anderen fördert unsere individualistisch geprägte Gesellschaft diese Positionsorientierung.

Die psychologischen Ursachen haben wir in dem Buch schon im Detail erläutert. In allen fünf Schritten des Entscheidungsprozesses konnten Sie vieles über die psychologischen Bestimmungsgründe für die aufgezeigten Schwächen unseres typischen Entscheidungsverhaltens lesen. Auf dieser Basis haben wir zudem im Zwischenfazit am Ende des ersten Teils fünf Eigenschaften formuliert, die der Kompensation dieser Schwächen dienen sollen und deshalb die Philosophie des reflektierten Entscheidens gut charakterisieren. Diese Eigenschaften „proaktiv, zielorientiert, kreativ, aufgeklärt und konsequent" sind somit genau unsere Antworten auf die von uns intensiv behandelten und mit zahlreichen Studien belegten psychologischen Fallstricke des menschlichen Entscheidungsverhaltens.

Auch wenn der wesentliche Unterschied zwischen einer Positionsorientierung und einer Zielorientierung im zweiten Schritt des Entscheidungsprozesses liegt, lassen sich jedoch typische Unterschiede in allen fünf Schritten aufzeigen.

- **Schritt 1:** Für eine Positionsorientierung ist es typisch, dass auf ein Problem reagiert wird und nicht proaktiv nach Entscheidungschancen gesucht wird.
- **Schritt 2:** Wie oben schon dargestellt, wird in einer Positionsorientierung anstelle einer frühen Reflexion der Fundamentalziele unmit-

telbar schon eine Vorentscheidung für eine bestimmte Handlungsoption getroffen und diese Position dann mit Argumenten verteidigt. Die Argumente stehen dabei häufig nur in mehr oder weniger engen Instrumentalbeziehungen zu den Fundamentalzielen.

- **Schritt 3:** Typisch für eine Positionsorientierung ist, dass man (aufgrund von WYSIATI) nur an die naheliegenden Handlungsoptionen denkt und nicht kreativ nach anderen Lösungen sucht.
- **Schritt 4:** Bei einer Positionsorientierung werden beim Austausch der Argumente gezielte Manipulationsversuche von denjenigen stattfinden, die sich mit den Biases auskennen und sie zu ihrem eigenen Vorteil in der Verhandlung ausnutzen, während in einer aufgeklärten Abschätzung der Wirkungsbeziehung in einer zielorientierten Entscheidungskultur gerade versucht wird, diese Faktoren zu reduzieren, um die Qualität der Entscheidung zu verbessern.
- **Schritt 5:** Zuletzt ist auch typisch für eine positionsorientierte Entscheidungskultur, dass am Ende eben nicht eine konsequente Umsetzung einer Entscheidung erfolgt, weil es nur zu halbherzigen Kompromisslösungen gekommen ist oder Mehrheitsentscheidungen gefunden wurden, die nicht von allen getragen werden.

Um es gezielt etwas spitz zu formulieren: Eine positionsorientierte Entscheidungskultur ist somit im Grunde nichts anderes als eine Zusammenfassung aller psychologischen Schwachpunkte des menschlichen Entscheidungsverhaltens aus diesem Buch.

Kommen wir nun zu der individualistischen Gesellschaft, die wir oben als weitere Ursache der positionsorientierten Entscheidungskultur ins Spiel gebracht haben. Eine freiheitlich, überwiegend individualistisch geprägte Gesellschaft wie die unsrige ist dadurch gekennzeichnet, dass die Bürger einen großen Entscheidungsfreiraum haben und sich in ihren Entscheidungen mehr an dem eigenen Wohl als an dem Wohl der Gemeinschaft orientieren. In einer solchen Entscheidungskultur hat man es in der Folge mit vielen individuellen Entscheidungsprozessen zu tun, wobei jeder Bürger persönliche Ich-Positionen einnimmt. Diese Positionen beziehen sich nicht nur auf seinen eigenen Handlungsspielraum, sondern auch auf seine Meinungsäußerung. Jeder darf sich frei und öffentlich zu seinen Positionen äußern, zumindest innerhalb sehr großzügig gesetzter Grenzen. Neben diesen Rechten gibt es in unserem realdemokratischen System sogar auch Erwartungen, dass die Bürger Positionen einnehmen. Jeder soll nämlich am Wahltag seiner Bürgerpflicht nachkommen und sich zwischen verschiedenen politischen Parteien bzw. zwischen den von den Parteien vorgestellten Positionen entscheiden.

In ausgeprägt kollektivistischen oder allgemein weniger freiheitlich aufgestellten Gesellschaftsformen ist der Entscheidungsfreiraum des Einzelnen deutlich geringer. Dafür gibt es eine stärkere Führung, die Richtungen und Rahmenbedingungen vorgibt und den Individuen einige Entscheidungen abnimmt. Im Grunde muss man sich in einer solchen Konstellation auch mit dem Begriff Entscheidungskultur zurückhalten. Denn je weniger Entscheidungen der Bürger möglich sind, desto weniger kann es überhaupt zu einer beschreibbaren Kultur der Entscheidung kommen. In Anbetracht einer durch die psychologischen Schwächen eher negativen Einschätzung einer positionsorientierten Entscheidungskultur in freiheitlich individualistischen Gesellschaftsformen könnte man dies sogar als Vorteil werten. So ließe sich argumentieren, dass durch die Entscheidungsübernahme durch eine zentrale Entscheidungsinstanz – sei es eine Kollektivspitze oder ein Autokrat – viele schlechte Entscheidungen der Bürger verhindert werden könnten. Offen bliebe dabei jedoch die Frage, ob der Entscheidungsprozess dieser Instanz eine hohe Qualität hat und ob die Instanz die Entscheidungen auch im Sinne der Bürger fällt. Beides ist möglich, kann aber auch genauso gut nicht gegeben sein und sich sogar als sehr negativ herausstellen. Die Geschichte und die Gegenwart liefern hierfür zahlreiche Beispiele. Es besteht somit eine große Qualitätsunsicherheit, zwar mit vielen Chancen bei reflektierten und für die Bürger fürsorglichen Entscheidungen der Instanz, aber eben auch mit hohen Risiken, wenn die Instanz keine entsprechend gute Leistung abliefert. Die Qualitätsunsicherheit in einer freiheitlich individualistischen Gesellschaftsform ist hingegen erheblich geringer. Ähnlich zum Gesetz der großen Zahlen, auf das wir zu Beginn des Buches schon einmal hingewiesen haben, mitteln sich verschiedene Extrempositionen aus, und in der Gesamtheit kommt die Gesellschaft eben auch bei Wahlen zu relativ stabilen und in der Regel „ungefährlichen" Ergebnissen. Allerdings eben nicht mit einem hohen Qualitätsniveau und auch nur auf der Basis von Ich-Positionen und keinen Wir-Positionen. Das ist letztlich das Dilemma einer jeden echten Demokratie.

Es gibt aber einen Ausweg aus diesem Dilemma, er bestünde in einer Gesellschaft, die sich in besonderem Maße als „reflektierte" Gesellschaft versteht. Wir reden von einer Gesellschaft, in der es zum Selbstverständnis der Bürgerinnen und Bürger gehört, Sachen auf den Grund gehen zu wollen und gute Lösungen zu finden, und denen eben durch umfängliche Bildungsangebote auch die Rahmenbedingungen dafür gegeben werden. Eine Gesellschaft also, die sich den Eigenschaften verschrieben hat, die wir oben formuliert hatten: Zielorientierung, Kreativität und Aufgeklärtheit. Eine Gesellschaft, die nicht nur nachdenkt, sondern auch proaktiv und vorausschauend Entscheidungen trifft und konsequent umsetzt. Wir sind überzeugt, dass es sich bei einer solchen Ausgestaltung ganz von alleine ergibt, dass sich aus unreflektierten Ich-Positionen sukzessiv reflektierte Wir-Positionen entwickeln, weil der Mensch seine fundamentalen Werte und Bedürfnisse nur in einer sozialen Eingebundenheit mit anderen Menschen findet.

Sicherlich werden diese Gedanken bei vielen auf offene Ohren stoßen, aber in gleichem Zuge auch als naiv und idealistisch abgetan werden. Unsere Antwort darauf ist, dass wir natürlich nicht von heute auf morgen eine Gesellschaftskultur verändern können, auch wenn es sich „nur" um

Entscheidungsprozesse dreht. Aber Kulturen verändern sich stetig, und in diesem Veränderungsprozess darf und kann jeder versuchen, einen Impuls zu geben. Genau das wollen wir machen.

Und Sie können mitmachen. Sie können das, was Sie in diesem Buch über reflektierte Entscheidungsprozesse gelernt haben, nicht nur für Ihre persönlichen Entscheidungen anwenden, sondern auch in Ihrem Umfeld sinnvoll verwenden. Wie das funktionieren kann, wollen wir abschließend in drei wichtigen Anwendungsbereichen erläutern, in denen Ihnen eine gestaltende Rolle zukommt: Als

- Moderator, der eine Gruppensitzung leitet,
- Mediator bei einer Konfliktlösung und zuletzt,
- Mensch, der seine Meinung zu wichtigen gesellschaftlichen Fragestellungen in Diskussionen mit anderen Menschen schärfen möchte.

## ALS MODERATOR MEHR EFFIZIENZ IN UNPRODUKTIVE SITZUNGEN BRINGEN

Vielleicht kennen Sie die Situation, dass Sie an einer Sitzung teilnehmen, in der die Gruppe relativ lange über ein Thema redet, ohne dass es richtig weitergeht. Wir stellen es uns einmal ein wenig konkreter vor. Die Gruppe besteht aus sieben Teilnehmern, die wir einmal mit Person Nr. 1 bis Nr. 7 bezeichnen. Nr. 1 ist als Moderator eigentlich für die Leitung der Diskussion verantwortlich, absolviert seine Aufgabe aber in Ihren Augen nicht gerade souverän. Jeder trägt etwas zu dem Thema des Meetings bei. Nr. 2 ist der Auffassung, die Gruppe sollte sich für die Option „Links" entscheiden. Nr. 3 stemmt sich dagegen, „Links" wäre nicht gut, „Rechts" ist weitaus besser. Nr. 4 meldet sich mit: „Wir müssen aber auch berücksichtigen, dass ..." Während seiner langatmigen Ausführungen überlegen Sie etwas ungeduldig, was er denn jetzt damit sagen will. Ist er jetzt für „Links" oder „Rechts" oder wollte er auch einfach nur mal etwas sagen?

Fast schon aufgeregt bringt die Nr. 5 eine nach seiner Sicht sehr wertvolle Information ein, die ganz klar gegen „Links" spricht. Einzelne signalisieren prompt Zustimmung, die Stimmung bewegt sich nach „Rechts". Nun kommt Nr. 6 zu Wort und schweift gänzlich vom Thema ab. Sie selbst sind die Nr. 7, die eigentlich am liebsten gehen würde, denn Sie haben noch viele andere Sachen zu erledigen. Einige packen schon ihre Sachen zusammen, denn die für das Meeting angesetzten 1,5 Stunden sind fast um. Nr. 1 löst die Sitzung auf und vergibt einen Arbeitsauftrag an drei Teilnehmer, die für die nächste Sitzung noch Informationen einholen sollen. Keiner ist so richtig zufrieden, sondern alle lediglich froh, dass die Sitzung vorbei ist.

## Wie Sie mit einer Zielorientierung besser moderieren können

Wenn Sie selbst ein Meeting moderieren, können Sie es besser machen. Gehen Sie zielorientiert vor und folgen Sie konsequent den fünf Schritten des reflektierten Entscheidungsprozesses.

Sie konkretisieren zunächst mit der Gruppe das Thema, zu dem das Meeting einberufen wurde, durch eine konkrete Entscheidungsfrage (Schritt 1). Hierbei müssen in der Regel erste Vorentscheidungen getroffen werden, was in der Frage unberücksichtigt bleiben soll und was grundsätzlich zur Debatte steht. Wie breit Sie die Frage formulieren, sollten Sie davon abhängig machen, wie viel Aufwand die Gruppe in den Entscheidungsprozess investieren kann bzw. möchte. Kritisch ist dieser Punkt meist nicht, aber es gibt zu Beginn der Sitzung häufig unterschiedliche Vorstellungen über die genaue Frage, die von Ihnen in Einklang gebracht werden müssen.

Als nächstes müssen Sie über die Ziele reden (Schritt 2). Was ist es, was wir als Gruppe erreichen wollen? Woran wird der Erfolg unserer Entscheidung gemessen? Aufgrund der Schwierigkeit, die viele Menschen in der

Formulierung von Fundamentalzielen haben, ist es Ihre Aufgabe, hier mit einem Vorschlag anzutreten und die nach Ihrer Meinung passenden Fundamentalziele für die Gruppe als ersten Vorschlag zu benennen. Diese Ziele sind dann in der Gruppe zu diskutieren und Erweiterungen oder Veränderungen werden von Ihnen gerne aufgenommen, solange es sich um fundamentale Aspekte handelt. Vorschläge von Instrumentalzielen, die sicherlich kommen werden, müssen Sie hingegen mit einer „Warum"-Frage reflektieren. Ein Gruppenkonsens ist in diesem Schritt in der Regel noch unproblematisch, da es sich nur um die grundsätzliche Relevanz der Ziele handelt, noch nicht um relative Wichtigkeiten der einzelnen Ziele. Alle Redebeiträge von Gruppenmitgliedern, die sich schon jetzt über die Wichtigkeit auslassen wollen, dürfen Sie nicht zulassen und müssen die Teilnehmer auf den fünften Schritt vertrösten.

Mit einem von allen akzeptierten Zielsystem werden nun die Handlungsoptionen gesammelt (Schritt 3). Sie selbst werden als Moderator Vorschläge vorbereitet haben, ermuntern jedoch alle Gruppenmitglieder, ihrerseits Ideen einzubringen. Achten Sie auch an dieser Stelle darauf, dass diese Optionen noch nicht bewertet werden. Alle Redebeiträge, die in diese Richtung abzurutschen drohen, müssen Sie freundlich, aber bestimmt unterbrechen. Ist die Gruppe insgesamt sehr einfallsreich und sehen Sie durch die hohe Anzahl an Vorschlägen die Übersichtlichkeit gefährdet, ist es Ihre Aufgabe, die Vorschläge im Sinne der Stellhebel-Methode in wenigen, dafür aber allgemeiner formulierten Optionen zusammenzufassen.

Nun geht es um das Sammeln von Informationen und Einschätzungen, wie gut die Optionen in den jeweiligen Fundamentalzielen sind (Schritt 4). Nützlich kann es an dieser Stelle sein, wenn Sie an einem Flipchart eine Ergebnismatrix skizzieren und in einer sehr einfachen Weise die Einschätzungen sammeln. Falls ein großer Wandbildschirm vorhanden ist, können Sie natürlich an dieser Stelle auch auf das Entschei-

DUNGSNAVI zurückgreifen und dies dort direkt umsetzen. Möglicherweise geht es aber auch ohne diese Visualisierung. In diesem Schritt werden Sie mit hoher Wahrscheinlichkeit mit unterschiedlichen Einschätzungen der Teilnehmer konfrontiert werden. Es wird Meinungsunterschiede geben, wie sich einzelne Optionen in bestimmten Zielen darstellen. Dies können Sie sehr fokussiert nur auf das jeweilige Feld der Entscheidungsmatrix, d. h. auf die Auswirkung einer Option in einem spezifischen Ziel, diskutieren lassen. Wenn sich hierbei kein Konsens ergibt und Meinungsunterschiede bestehen bleiben, können Sie keine exakten Auswirkungen in das betreffende Feld hinschreiben, sondern nur ein Intervall der für möglich erachteten Auswirkungen.

Erst am Ende können nun alle Teilnehmer, die von Ihnen bislang noch vertröstet wurden, endlich Ihre Präferenzen angeben (Schritt 5). Sie müssen es allerdings auf der Basis der Ziele und jeweiligen Einschätzungen aus der Ergebnismatrix machen. Sie dürfen also zum Beispiel die nach ihrer Sicht hohe Bedeutung eines Zieles ansprechen und sich deshalb für eine Option aussprechen, die in diesem Ziel ein besonders gutes Ergebnis hat. Ob Sie an dieser Stelle nun eine Option finden, die einvernehmlich als die beste angesehen wird, hängt in entscheidendem Maße davon ab, wie unterschiedlich die Wichtigkeiten der einzelnen Ziele in der Gruppe gesehen werden. Konflikte können Sie also nicht vermeiden, Sie können sie aber mit dieser Vorgehensweise genau auf den Punkt bringen und eine Diskussion sehr fokussiert führen.

## Weitere Vorteile einer zielorientierten Sitzung

Wenn Sie es schaffen, eine Sitzung in dieser Form zu moderieren, bringt dies insbesondere drei Vorteile mit sich.

Erstens ist die Sitzung erheblich effizienter und produktiver. Alle zulässigen Beiträge der Teilnehmer tragen durch die Fokussierung auf einen

Schritt inhaltlich wesentlich stärker zum Fortschritt bei als ohne eine solche Steuerung. Ausschweifende Ausführungen einzelner Teilnehmer sind wesentlich leichter zu unterbinden, wenn sie nicht klar zu einem Punkt beitragen. Ein diesbezüglicher Eingriff Ihrerseits wird auch nicht als Unfreundlichkeit wahrgenommen, sondern als Ausdruck der Kompetenz, eine Gruppendiskussion steuern zu können. Sie werden für Ihre Sitzungsleitung vermutlich viel Anerkennung und Zustimmung erhalten. Jeder ist erfreut, wenn die Sitzung 15 Minuten früher aufhört als geplant und sogar auch ein Ergebnis erzielt werden konnte.

Zweitens erreichen Sie, dass die Gruppenmitglieder die Entscheidung am Ende besser mittragen. Zwar haben Sie die Sitzung sehr unter Ihre Kontrolle genommen, dies aber nur im prozeduralen Ablauf. Inhaltlich haben Sie vielmehr jeden Teilnehmer ermuntert, seine Ziele und seine Ideen zu äußern und haben diese im Prozess berücksichtigt. Zugleich haben alle Teilnehmer durch den transparenten und strukturierten Prozess mehr Klarheit über die Entscheidungssituation erlangt und verstehen am Ende die Gründe, warum so entschieden wurde, wie entschieden wurde.

Drittens erreichen Sie durch dieses Vorgehen eine hohe Entscheidungsqualität. Sie vermeiden nicht nur die bekannten Schwächen unreflektierter Einzelentscheidungen. Vielmehr können Sie auch weitere Stolperfallen verhindern, die speziell bei Gruppenentscheidungen auftreten. Die Qualität einer Gruppenentscheidung ist insbesondere dann stark gefährdet, wenn sich einige Teilnehmer schon vor dem Meeting für eine Position besonders erwärmt haben. Werden im Meeting früh diese Positionen erfragt und dabei festgestellt, dass alle Teammitglieder eine ähnliche Präferenz haben, ist sich die Gruppe schnell einig und es herrscht das Gefühl, in jedem Fall das richtige gewählt zu haben. Wir können an einem kleinen Beispiel jedoch zeigen, dass dies trotz großer Harmonie eine Fehlentscheidung sein kann.

Stellen Sie sich vor, jedes der sieben obigen Gruppenmitglieder hat drei Informationen zu den Optionen „Links" und „Rechts". Die beiden Information L1 und L2 sprechen für „Links", die dritte Information spricht für „Rechts". Jeder befürwortet deshalb aufgrund der 2:1-Informationslage die Option „Links" und geht mit dieser Meinung in die Sitzung. Die Sitzung wird in einem positionsorientierten Vorgehen schnell in Harmonie mit einer Entscheidung für „Links" zu Ende sein.

**Abbildung 34: Shared Information Bias bei positionsorientierten Gruppenentscheidungen**

In einem zielorientierten Vorgehen würden vor einer Bewertung jedoch erst alle Informationen gesammelt und in der Gesamtsicht beurteilt. Hierbei hätte die Gruppe festgestellt, dass es insgesamt nur zwei für „Links" sprechende Informationen L1 und L2 gibt, da alle sieben Mitglieder dieselbe Information haben. Hingegen gibt es sieben weitere und auch unterschiedliche Informationen R1, R2, R3, R4, R5, R6 und R7, die jeweils für „Rechts" sprechen. Mit 7:2 ist deshalb „Rechts" die bessere Option. Eine Entscheidung für „Links" ist eine Fehlentscheidung. Man spricht in diesem Zusammenhang von einem Shared Information Bias, der bei einem zielorientierten Ansatz nicht auftritt, wohl aber die Qualität eines positionsorientierten Vorgehens wie beschrieben gefährden kann.

Gerade auch in Teams, in denen man sich gut versteht und jedes Gruppenmitglied sich im Grunde ungerne gegen eine Gruppenposition auflehnen möchte, ist eine positionsorientierte Kultur besonders gefährlich. So schließt man sich aus gruppendynamischen Aspekten möglicherweise vorschnell bestimmten Gruppenpositionen an, ohne dass diese inhaltlich diskutiert wurden. Im Fachjargon spricht man hier von einem Confirmation Bias. Achten Sie deshalb mit Nachdruck darauf, dass die Teammitglieder in einer frühen Phase des Meetings noch keine Bewertungen verlauten lassen und sich nicht zu ihren eigenen Positionen äußern.

## ALS MEDIATOR GUTE LÖSUNGEN FÜR KONFLIKTE FINDEN

Jeder von uns kennt Situationen, in denen Konflikte auftreten und nach Lösungen gesucht wird. Dies kann in Gruppenentscheidungen vorkommen, wenn sich einzelne Teilnehmer in bestimmten Punkten nicht einigen können und Sie als Moderator gefordert sind. Es können aber beispielsweise auch Konflikte sein, die Sie innerhalb der Familie oder Partnerschaft oder im Freundeskreis haben. Mit einem zielorientierten Ansatz können Sie zwar nicht immer alle Konflikte lösen, aber häufig erheblich zu einer Lösung beitragen.

Bei einer Mediation werden zwei Phasen durchlaufen. In der ersten Phase werden die Konfliktursachen so exakt wie möglich identifiziert. Nicht selten werden Konflikte nämlich nur anhand von Streitpunkten ausgetragen, die noch viel zu wenig den wahren Kern der Probleme beschreiben. In der zweiten Phase wird dann nach Lösungen gesucht, die im Interesse beider Konfliktparteien sind und den Bedürfnissen beider gerecht werden. Manchmal ist hierbei auch eine hohe Kreativität des Mediators erforderlich, um eine entsprechende Lösung zu finden.

Vielleicht haben Sie schon gemerkt, auf was es hinausläuft: Mediation ist im Grunde nichts anderes als ein zielorientierter, mit den Konfliktparteien geführter Gruppenentscheidungsprozess. Einen besonderen Stellenwert hat hierbei das Herausfinden und Formulieren der jeweiligen Fundamentalziele beider Konfliktparteien. Durch Anwendung der „Warum"-Methode können hierbei die grundlegenden Bedürfnisse und Ziele herausgearbeitet werden, die sowohl Hinweise für die Konfliktursachen liefern als auch die Basis darstellen, um kreative Lösungsansätze zu entwickeln. Es sind exakt die Methoden der kreativen Generierung neuer Optionen aus Kapitel 7, die an dieser Stelle unter Bezug auf beide Zielsysteme angewendet werden. Je besser es gelingt, die wirklich fundamentalen Ziele der Parteien zu identifizieren, und je mehr man sich von Scheuklappen bei der Suche nach neuen Optionen befreien kann, desto höher werden die Erfolgschancen der Mediation.

Ein zielorientiertes Vorgehen an die Stelle eines positionsorientierten zu setzen, ist auch die Grundlage des recht bekannten Harvard-Konzeptes. Das Harvard-Konzept wird in der Literatur zwar als Verhandlungsmethode geführt, aber auch eine Verhandlung ist nichts anderes als eine Gruppenentscheidung mit Berücksichtigung von zwei Interessenlagen. Als klassisches Beispiel für eine erfolgreiche Konfliktlösung im Rahmen einer Verhandlung wird gerne auf Jimmy Carter in seiner Funktion als Mediator in den Friedensverhandlungen von Camp David im Jahre 1978 zurückgegriffen. In den damaligen Friedensverhandlungen standen sich der israelische Ministerpräsident Menachem Begin und der ägyptische Präsident Muhammad Anwar as-Sadat gegenüber. Israel hatte 1967 im Sechs-Tage-Krieg die Sinai-Halbinsel annektiert, und der Erzfeind Ägypten verlangte dieses Land zurück. Eine Einigung zeichnete sich nicht ab, denn die Positionen waren konträr, weil Israel sich natürlich gegen eine Rückgabe stemmte. Eine Lösung des Konfliktes erreichte der damalige US-Präsident letztlich dadurch, dass er die fundamentalen Ziele der beiden Parteien analysierte, indem er das Augenmerk auf die eigentlichen Motive und Werte der beiden Parteien lenkte und dann mit ein wenig Kreativität eine Lösung vorschlug. So war es für Ägypten ein sehr hoher Wert, weiterhin die Hoheit über die Sinai-Halbinsel zu haben, weil dieses Land schon seit der Pharaonenzeit zu Ägypten gehört. Israels Interesse war hingegen Sicherheit, d.h. Minimierung aller militärischen Bedrohungen von seinen Nachbarländern. Die Hoheit über die Sinai-Halbinsel war also kein Fundamentalziel, sondern letztlich nur ein Instrument, um eine erhöhte Sicherheit zu erlangen. Eine gute Lösung, die für beide Parteien zumindest zum damaligen Zeitpunkt vernünftig war und deren Wertevorstellungen entsprach, war also die Rückgabe der Halbinsel von Israel an Ägypten verbunden mit einem Verbot für Ägypten, Militär auf der Halbinsel zu stationieren.

Neben diesem historisch-klassischen Beispiel für eine Konfliktlösung gibt es auch ganz banale. Stellen Sie sich einen Streit in der Küche vor. Es dreht sich um die letzte Biozitrone, die noch im Obstkorb ist, und sowohl „er" als auch „sie" will diese Zitrone unbedingt für sich beanspruchen. Keiner gibt nach und es kommt zu einem ausgewachsenen Streit. Schade, dass beide nicht mit der „Warum"-Methodik frühzeitig analysiert haben, was hinter ihrem jeweiligen Begehren steckt. Sie brauchte nämlich eigentlich nur die Zitronenschale als wichtige Zutat in der Zubereitung eines süßen Hefeteilchens, er benötigt den Zitronensaft für seinen grünen Smoothie, der ihm sonst nicht schmeckt.

Wir behaupten, dass alle Konflikte, die grundsätzlich lösbar sind, in einem gemeinsamen zielorientierten Entscheidungsprozess auch gelöst werden können. Wenn Sie die Ziele richtig identifizieren und eine hinreichende Kreativität beim Ausdenken von Handlungsoptionen an den Tag legen, gibt es keinen Grund, warum die Lösung – soweit es eine gibt – nicht gefunden werden sollte. Wie das Beispiel der Zitrone zeigt, ist auch häufig noch nicht einmal eine hohe Kreativität erforderlich.

## Meinungsunterschiede versus Interessenkonflikte

In den letzten beiden Beispielen war es gut möglich, den Konflikt durch eine reflektierte Analyse der Ziele relativ unproblematisch aufzulösen. Dies ist jedoch nicht bei allen Konflikten der Fall. Dennoch ist es in allen auch weniger gut lösbaren Fällen essenziell, einen zielorientierten gemeinsamen Entscheidungsprozess zu durchlaufen. Der Nutzen zeigt sich darin, dass sehr genau identifiziert werden kann, worin der Konflikt begründet ist, und in der Folge auch besser konfliktreduzierende Maßnahmen abgeleitet werden können. Insbesondere sollten Sie als Mediator herausfinden, ob es sich bei dem Konflikt um einen Interessenkonflikt oder nur um einen Meinungsunterschied handelt.

Bei einem Interessenkonflikt gibt es erhebliche Unterschiede in den Zielen, die dafür verantwortlich sind, dass die Parteien unterschiedliche Positionen haben. Möglicherweise ergeben sich diese schon im Schritt 2 durch andere und konfligierende Ziele der Parteien. Interessenkonflikte können aber auch dann auftreten, wenn zwar die Ziele als solche identisch formuliert sind, aber im Schritt 5 deutlich unterschiedliche Zielgewichte vergeben werden. Zum Beispiel haben in Tarifverhandlungen die Gewerkschaften und die Arbeitgeberseite mindestens zwei fundamentale Ziele, und zwar, dass sowohl die Beschäftigten als auch der Betrieb jeweils eine ökonomisch stabile Situation erreichen. Die relative Bedeutung dieser beiden Ziele wird jedoch von den Verhandlungsparteien meist erheblich unterschiedlich bewertet, woraus dann letztlich die unterschiedlichen Positionen resultieren.

Wenn Sie als Mediator auf Interessenkonflikte stoßen, können Sie einvernehmliche Lösungen nur in Kompromissen suchen. Allerdings können Sie es als Mediator durch eine mit beiden Seiten gemeinsam durchgeführte und offen kommunizierte Zielreflexion auch schaffen, dass sich die Gegenseite besser in die Bedürfnisse der anderen Seite hineinversetzen kann und gegebenenfalls ein größeres Verständnis gewinnt. Dies erhöht die Kooperationsbereitschaft und die Chancen, einen Kompromiss zu finden.

Bei einem Meinungsunterschied ist die Ausgangsposition besser. Ein Meinungsunterschied liegt vor, wenn die beiden Parteien im Wesentlichen übereinstimmende Fundamentalziele haben, aber trotzdem zu unterschiedlichen Positionen gelangen. Stellen Sie sich z.B. ein Team mit zwei Produktmanagern in einem Unternehmen vor, die gemeinsam einen neuen Küchenmixer entwerfen sollen. Über das Ziel ist man sich im Unternehmensinteresse einig: Der Markterfolg sollte möglichst hoch sein. Produktmanager A glaubt, dass man dies mit einem Retrostyle des Produktes am besten erreichen würde, B geht davon aus, dass ein modernes Design höhere Erfolgschancen hat. Die Ursache für den Konflikt zwischen den beiden liegt also in unterschiedlichen Vorstellungen im Wirkungsmodell. Dies würde sich also im vierten Schritt beim reflektierten Entscheidungsprozess zeigen.

Leichter lösbar als ein Interessenkonflikt ist ein Meinungsunterschied deshalb, weil sich die Parteien nur über eine Prognose nicht einig sind, d.h. zum Beispiel nur einen unterschiedlichen Informations- und Wissensstand haben. Dies ist aber grundsätzlich korrigierbar. Wenn also im obigen Beispiel der Produktentwickler A von seinem Kollegen B durch fundierte Fakten und Studien überzeugt werden kann, dass seine Einschätzung, mit einem Retrostyle einen großen Erfolg zu erreichen, unrealistisch ist, löst sich der Konflikt auf. Möglicherweise liegen die Unterschiede in den Prognosen bei mindestens einer Konfliktpartei in einem Bias begründet. Vielleicht hat Produktmanager A nur gerade von einer beeindruckenden Erfolgsgeschichte eines anderen Retrostyle-Produktes gehört und unterliegt einem Verfügbarkeitseffekt. In einer reflektierten Vorgehensweise würden alle Biases jedoch durch eine entsprechende Aufklärung erkannt werden und eine Konfliktlösung wäre in diesem Fall erreicht.

In allen Konstellationen gilt also, dass ein gemeinsamer zielorientierter Entscheidungsprozess ein hervorragender Weg ist, um einen Konflikt entweder zu beseitigen, oder – noch besser – gar nicht erst entstehen zu lassen. Die Rolle eines Moderators in einer Gruppenentscheidung und die eines Mediators bei einer Konfliktlösung gehen also fließend ineinander über.

## REFLEKTIERTE MEINUNGSBILDUNG IN GESELLSCHAFTLICHEN FRAGEN

Wir alle sind Teil einer Gesellschaft, die sich großen Herausforderungen gegenübergestellt sieht. Wir reden über den Klimawandel, der uns zum Umdenken zwingt, und suchen nach geeigneten Handlungsoptionen, wie wir als Deutsche, als Europäer und als Weltbürger die Erderwärmung reduzieren können, ohne dabei unsere Wirtschaft zu schwächen und unseren Lebenskomfort zu stark zu reduzieren. Wir erkennen, wie instabil unsere global verknüpfte Welt ist, wenn ein kleines Virus einen enormen wirtschaftlichen Schaden und großes menschliches Leid anrichten kann. Es werden Ansätze diskutiert, welche Regelungen man während einer Pandemie am besten wählen sollte und wie man sich angesichts künftiger Gefahren robuster aufstellt. Wir erleben zunehmende ökonomische Ungleichgewichte in der Bevölkerung, in der immer weniger Menschen ein enormes Vermögen anhäufen und viele andere trotz langer und harter Arbeit nicht genug Geld im Alter haben, und suchen nach Ansätzen, wie man Gerechtigkeit und ökonomische Prosperität besser unter einen Hut bringen kann.

Die Liste ließe sich beliebig fortführen, wobei sich alle Fragestellungen als extrem vielschichtig und komplex erweisen. Es gibt keine offensichtlichen Lösungen, und es ist sehr schwer, sich selbst eine fundierte Meinung zu diesen Fragestellungen zu bilden. Natürlich hat jeder von uns bestimmte Grundüberzeugungen und vielleicht Sympathien für bestimmte Positionen, die vorgetragen werden. Aber die hohe Komplexität macht es uns in aller Regel sehr schwer, eine mögliche eigene Position fundiert zu begründen.

Hinzu kommt, dass es im Grunde unmöglich ist, einen „besten" Weg für die Gesellschaft zu finden. Wir können die Situation gut mit einer Gruppenentscheidung vergleichen, in der es Interessenkonflikte und Meinungsunterschiede gibt, die einer einvernehmlichen Lösung im Wege stehen. Vielleicht ließen sich durch eine gute Mediation einige Konflikte abschwächen und auch gute Kompromisse finden, aber „das Optimum" gibt es nicht. Und dies schon gar nicht in einer so großen Gesellschaft mit so vielen heterogenen Gruppen, abweichenden Vorstellungen und Einstellungen sowie Bedürfnissen. Dennoch bleiben die Vorteile eines zielorientierten Vorgehens auch unter diesen komplexen Rahmenbedingungen bestehen.

Zu beobachten ist, dass sich viele Menschen in ihrem Prozess der Meinungsbildung an Positionen orientieren, die von anderen Personen vorgetragen werden. Dies ist natürlich erstmal ein einfacher und naheliegender Weg, denn dann muss man nicht viel selbst nachdenken, sondern lediglich zustimmen oder ablehnen. Aber reicht das für eine reflektierte Meinungsbildung aus? Was sind das für Positionen, die vorgestellt werden, wie sind diese begründet, und warum werden sie so vorgetragen, wie sie vorgetragen werden? Gibt es keine besseren Lösungsansätze?

Nehmen wir das Beispiel einer Fernsehdebatte mit Politikern aus unterschiedlichen Parteien. Ein Politiker stellt seine Position bzw. die Position der Partei vor und bringt Argumente, die er mit für den Zuhörer kaum überprüfbaren Zahlenwerken zu untermauern versucht. Sein politischer Kontrahent in der Diskussionsrunde fällt ihm ins Wort und kontert mit seinen eigenen Argumenten, häufig auch schon in einer etwas veränderten Themenausrichtung, die eigentlich zu einer anderen Entscheidungsfrage passt. Dann ergreift ein weiterer Diskutant das Wort, dem es gelingt, eine Aussage zu formulieren, die sehr plausibel und sympathisch klingt und im Zuschauerraum deshalb gut aufgenommen wird. Er erhält Beifall und freut sich insgeheim über diesen kleinen Etappensieg. In der Kritik am nächsten Tag in den Medien können Sie dann lesen, wer sich gut „geschlagen" hat. Wenn es heiß herging, gibt es vielleicht sogar auch YouTube-Ausschnitte, in denen gezeigt wird, wie sich ein Teilnehmer mal so richtig aufgeregt und möglicherweise danebenbenommen hat. Unsere Politik ähnelt heute tatsächlich manchmal eher einer Theaterveranstaltung, in der es sich mehr um die Schauspieler dreht als um die Inhalte. Man bildet sich also mehr Meinungen über die Schauspieler, die Inhalte kommen dabei ein wenig kurz.

Wir plädieren dafür, aus dem vorgestellten fünfschrittigen reflektierten Entscheidungsprozess zu lernen und den eigenen Meinungsbildungsprozess nicht so unreflektiert ablaufen zu lassen. In den folgenden drei Abschnitten geben wir deshalb noch konkrete Anregungen, wie man dies umsetzen könnte. Erstens sollten wir uns mehr Gedanken machen über die fundamentalen Ziele, die wir in der Gesellschaft verfolgen sollten. Zweitens müssen wir uns kritischer mit den Annahmen beschäftigen, die zur Begründung für Positionen im Wirkungsmodell explizit oder bisweilen auch nur implizit herangezogen werden. Drittens, und das ist das Wichtigste, sollten wir offen sein für neue Lösungsansätze, die sich aus einer reflektierten Vorarbeit ableiten lassen.

### Klarheit über die verfolgten gesellschaftlichen Ziele und deren relative Bedeutung

Ein reflektierter Entscheidungsprozess setzt eine intensive Beschäftigung mit den persönlichen Fundamentalzielen voraus. In Schritt 2 werden diese ausformuliert und in Schritt 5 werden die relativen Gewichtungen festgelegt. Wer sich eine Meinung zu gesellschaftlichen Fragen bilden möchte, muss dies in gleicher Weise angehen. Er muss sich überlegen, welche Ziele die Gesellschaft nach seinen Vorstellungen verfolgen sollte und wie diese Ziele untereinander gewichtet werden sollten.

Wie im reflektierten Entscheidungsprozess vorgesehen, muss bei dieser Ausformulierung der gesellschaftlichen Ziele darauf geachtet werden, dass eine hohe Fundamentalität erreicht wird, man sich also nicht in Instrumentalzielen verliert. Je grundlegender die jeweilige Fragestellung ist, desto allgemeiner wird die Formulierung ausfallen. Zugleich wird es nicht immer einfach sein, einen klaren Trennstrich zwischen Instrumental- und Fundamentalzielen zu ziehen.

Mögliche Kandidaten für Fundamentalziele könnten sich auf Inhalte beziehen, die etwas mit der Lebensqualität zu tun haben, wie z. B. „Sicherstellung grundlegender Bedürfnisse (Essen, sauberes Wasser, Unterkunft etc.)", „Gesundheitsversorgung", „Beeinträchtigungen durch schlechte Luft, starken Lärm oder andere gesundheitsschädliche Faktoren", „Sicherheit", „soziale Teilhabe", „Möglichkeiten zur Entfaltung der eigenen Persönlichkeit" und „finanzieller Handlungsspielraum". Ebenso könnten Grundwerte unserer westlich-europäischen Kultur angesprochen werden, wie z. B. „Selbstbestimmung und Freiheit", „Gewährleistung von Rechtsstaatlichkeit" und „Gleichheit vor dem Gesetz", „Schutz der Umwelt und Natur" sowie „Gerechtigkeit". Je nach Fragestellung könnten auch Ziele Eingang finden, die etwas mit der nachhaltigen Stabilität des Systems zu tun haben, wie „Zugang zu wichtigen Ressourcen", „stabile Infrastruktur", „sinnvoll konzipierte Anreize für Konsumenten und Unternehmen" etc.

Festzustellen ist, dass sich bei der Formulierung solch grundlegender Ziele meist noch eine große Einigkeit einstellt. Dies gilt zumindest dann, wenn auf eine hohe Fundamentalität Wert gelegt wird. Wir hatten dies am Beispiel der Tarifverhandlungen zwischen Arbeitgebern und Gewerkschaften gesehen, die sich eigentlich nur in der Gewichtung der Ziele (dort aber erheblich) unterscheiden. Unterschiedliche Auffassungen kann es jedoch auch in der Frage geben, wie Ziele zu verstehen sind. Dies gilt in besonderem Maße für das häufig im Mittelpunkt stehende Ziel der Gerechtigkeit. Welche Form der Gerechtigkeit ist gemeint? Nehmen wir hierzu das Beispiel, wie in einem Start-up mit drei Gründern der Gewinn (falls es einen gibt) gerecht aufgeteilt werden kann: Gleicher Anteil für alle, Anteile nach geleistetem Arbeitseinsatz bzw. nach dem ökonomischen Wertbeitrag oder sollte man bei der Aufteilung auch die Bedürftigkeit bzw. die Vermögensverhältnisse miteinbeziehen? Hier gibt es sicherlich unterschiedliche Auffassungen. Oder noch ein Beispiel: Finden Sie es gerecht, wenn alle Verkehrsteilnehmer dieselbe Strafe für eine Übertretung zahlen müssen, oder ist es gerechter, wenn ein vermögender Straftäter ein höheres Bußgeld zahlen muss, damit er sozusagen ein vergleichbares Leid spürt?

Um eine reflektierte Meinung zu haben, muss man also eine gute Vorstellung von den grundlegenden Zielen haben und wissen, wie man die Ziele messen kann. Zugleich muss man eine Vorstellung davon haben, wie viel „Mehr" in einem Ziel man für ein „Weniger" in einem anderen Ziel ansetzen würde. Sicherlich ist gerade eine Spezifikation dieser Tradeoffs eine schwierige Aufgabe. Aber wie will man z. B. sonst entscheiden, welche Strategie bei der Lockerung von Kontaktsperren in einer Pandemiezeit im Konflikt zwischen „gesundheitlicher Gefährdung" und „wirtschaftlichem Schaden" optimal ist? Wenn man einen solchen Zielkonflikt nicht explizit analysiert, macht man es – egal für welche Position man sich ausspricht – nur implizit und unkontrolliert. Wer reflektiert vorgehen will, kann diesen Schritt schlichtweg nicht umgehen. Man muss im Hinblick auf seine Präferenzen Farbe bekennen.

## Transparenz von Annahmen bei der Abschätzung von Wirkungen

Eine reflektierte Entscheidung für eine Handlungsoption setzt voraus, dass die Auswirkungen der Optionen bei der Aufstellung der Ergebnismatrix in Schritt 4 fundiert geschätzt wurden. Auch wenn eine solche Abschätzung schon bei persönlichen Entscheidungen eine Herausforderung darstellt, ist die Prognose der Auswirkungen von Handlungsoptionen zur Bewältigung gesellschaftlicher Herausforderungen noch deutlich schwieriger. Ungeachtet aller unvermeidbarer Interessenskonflikte in einer großen Gesellschaft, die die Situation noch zusätzlich erschweren, wissen wir in vielen Fällen schlicht zu wenig, um die mit Sicherheit beste Strategie zu finden. Auch Experten müssen sich in dieser Unsicherheit bewegen und Annahmen treffen, um die aus ihrer Sicht beste Handlungsoption zu finden.

Allein die Tatsache, dass eine hohe Unsicherheit vorliegt, heißt jedoch nicht, dass eine reflektierte Entscheidung oder Meinungsbildung nicht möglich ist. Es wird lediglich etwas aufwendiger, die beste Lösung zu finden. Sehr fundiert wird vorgegangen, wenn die wichtigsten Unsicherheitsfaktoren explizit herausgearbeitet werden und unterschiedliche mögliche Entwicklungen in der Ergebnismatrix mit Wahrscheinlichkeiten verknüpft werden.

Annahmen können aber auch allein schon dadurch transparent gemacht werden, wenn für einzelne alternative Handlungsoptionen die geschätzten Ausprägungen in den relevanten Zielen genannt werden. In der Diskussion um eine strittige Kontaktsperre im Zuge der Corona-Pandemie könnte beispielsweise gegen eine solche Einschränkung plädiert werden, weil man von der Annahme ausgeht, dass zwar möglicherweise das Gesundheitssystem kurzfristig überlastet wäre und zeitweise ca. 1.000 Plätze auf Intensivstationen fehlen, auf der anderen Seite aber eine Kontaktsperre zu einer mindestens einjährigen Erhöhung der Arbeitslosenzahlen um 250.000 führen würde. Dies ermöglicht jedem Betrachter ein direktes Verständnis der Position und bietet Ansatzpunkte, sich dieser Position anzuschließen oder für eine andere Lösung zu plädieren.

Voraussetzung für einen reflektierten Meinungsbildungsprozess in einer komplexeren Entscheidungsproblematik muss also in jedem Fall sein, dass die Annahmen verdeutlicht werden. Je detaillierter dies erfolgt, desto besser lässt sich reflektieren, ob eine Meinung fundiert ist oder nicht. Ohne transparente Annahmen können Sie nicht einschätzen, ob Sie die Prognosen für zu optimistisch oder pessimistisch halten oder ob Sie andere Wirkungszusammenhänge für realistischer halten. Wenn Sie also lediglich mit einer Meinung konfrontiert werden, bei der die Annahmen versteckt bleiben, hat dies nur eine geringe Aussagekraft. Dies gilt in besonderem Maße dann, wenn die Positionen von Personen vorgetragen werden, die ein starkes Eigeninteresse an bestimmten Optionen haben bzw. über keine Expertise verfügen.

## Es gibt noch mehr Optionen als die naheliegenden

Bei der Formulierung der Entscheidungsfrage und bei der Identifikation der Handlungsoptionen haben Sie gelernt, dass durch eine bewusst breite Formulierung der Entscheidungsfrage und kreatives zielorientiertes Nachdenken häufig noch viele zusätzliche Handlungsoptionen entdeckt werden können. Es gibt also fast immer noch mehr Optionen als die naheliegenden.

Genau dies gilt auch für die Positionen, die Sie in einer Fernsehdebatte, in den Medien oder in entsprechenden Diskussionen im Bekanntenkreis hören. Zu einer reflektierten Meinungsbildung gehört also auch ein Rückgriff auf die Instrumente, die Ihnen in diesem Buch diesbezüglich vorgestellt wurden. Wenn Sie hierbei Ihren Aufwand geringhalten wollen, können Sie meist allein schon über eine breite Formulierung der jeweiligen Entscheidungsfrage sehr viel erreichen. Wir wollen Ihnen hierzu zwei Beispiele geben.

Nehmen wir als Beispiel die Diskussion um einen Mindestlohn. Wie lautet die dazugehörige Entscheidungsfrage? Eine Formulierung „Sollte es einen höheren Mindestlohn geben?" oder „Welcher Mindestlohn ist der beste?" wäre sicherlich noch unreflektiert. Hingegen könnte an einer Formulierung „Wie kann es unter Beibehaltung einer gesamtökonomischen Stabilität am besten erreicht werden, dass jeder Bürger durch seinen beruflichen Einsatz ein ausreichendes Einkommen erwirtschaften kann?" gut abgelesen werden, dass sich derjenige Gedanken gemacht hat, der die Entscheidungssituation so beschreiben kann. Bei einer solch breiten Ausgestaltung gelangen Sie automatisch zu weit mehr Ideen, mit denen diese Frage ebenfalls beantwortet werden könnte. Warum soll eine Lösung nur über das Konzept eines Mindestlohnes erreicht werden können? Wie wäre es denn z. B. mit einer steuerlichen Bevorzugung für engagierte Bürger in Form einer negativen Einkommenssteuer bei geringen Einkünften und dies insbesondere in gesellschaftlich wichtigen Berufsgruppen, die also zur ökonomischen Stabilität besonders beitragen? Hat uns die Corona-Krise nicht gelehrt, dass hier ohnehin Nachholbedarf ist? Dies ist aber nur eine Idee, es gibt noch viele andere Ansätze, deren Vor- und Nachteile in den wirklich interessierenden Zielen zu diskutieren wären. Wir alle sollten den Mut haben, ruhig auch mal kreative Ansätze anzudenken und in Diskussionen einzubringen.

Oder nehmen Sie die immer wieder diskutierte Frage, ob betriebliches Vermögen bei einer Erbschaftssteuer ausgeklammert werden soll, um Arbeitsplätze nicht zu gefährden. Eine ausreichend breit formulierte Entscheidungsfrage würde sicherlich nicht mit „ob" anfangen. Möglich wäre beispielsweise folgende Formulierung: „Wie kann bei einer anstehenden Erbschaft eines Familienunternehmens eine gerechte und ökonomisch sinnvolle Vermögensübertragung erreicht werden?" Allein schon diese Formulierung ermöglicht ganz andere Positionen, die diskutiert werden könnten. So könnte eine Erbschaftssteuer beispielsweise in Form eines gewinnbeteiligten Darlehens oder in Form von nicht stimmberechtigten Vorzugsaktien für den Staat umgesetzt werden, oder möglicherweise wäre es auch eine gerechte Lösung, im Erbfall nicht nur den Sohn oder die Tochter des Familienunternehmers, sondern auch die langjährigen und treuen Mitarbeiter angemessen am Unternehmen zu beteiligen.

Natürlich sind diese dargestellten Lösungsansätze nur Ideen und müssten noch mit weiteren Handlungsoptionen fundiert verglichen und kritisch bewertet werden. Aber es sind nicht die naheliegenden Optionen. Zu einer reflektierten Meinung gehört es somit auch, möglichst alle Alternativpositionen zu kennen und begründen zu können, dass diese Handlungsoptionen nicht besser sind als die vorgetragene Position.

# SCHLUSSWORT

Unser Ziel war es, Ihnen auf einer wissenschaftlich fundierten Basis Wege zu eröffnen, wie Sie sich in allen privaten und beruflichen Entscheidungssituationen sowie auch in der persönlichen Meinungsbildung reflektierter verhalten können. Wir haben gezeigt, welche hauptsächlich psychologischen Gründe einer Reflexion üblicherweise entgegenstehen und wie unvorteilhaft es wäre, diesen psychologischen Fallen nichts entgegenzusetzen.

Vorteile eines reflektierten Entscheidens liegen insbesondere darin, dass Sie eine erhöhte Kontrolle über Ihr Leben erlangen. Sie wissen, warum Sie sich für bestimmte Pfade entscheiden und finden im besten Fall neue Wege, die Ihnen vorher noch nicht in den Sinn gekommen sind. Sie werden nicht mehr warten, bis Probleme auftreten, sondern proaktiv handeln. Und dies in allen Lebensbereichen, also in gesundheitlichen Fragen wie auch bei der beruflichen Weiterentwicklung. Zugleich werden Sie Ihre Entscheidungen auch konsequenter umsetzen, weil Sie Ihren Kopf und Ihren Bauch zusammengeführt haben.

Auch Ihr Umgang mit anderen Menschen wird sich möglicherweise verändern. Sie werden sich weniger leicht von anderen beeinflussen lassen, weil Sie sich zunehmend mehr auf den eigenen gesunden Menschenverstand berufen. Sie werden also kritischer, wenn Ihnen bestimmte Positionen „verkauft" werden sollen. Aber Sie dürften zugleich auch offener werden, sich mit anderen Positionen reflektiert auseinanderzusetzen. Auch gewinnen Sie mehr Spaß, neue Wege für sich selbst oder auch für Ihre Rolle in der Gesellschaft anzudenken.

Zugleich werden Sie ein größeres Verständnis für Interessenkonflikte haben, da Sie sich besser in die Ziele anderer hineinversetzen können.

Ihnen wird es gelingen, Konflikte besser auf den Punkt zu bringen und vielleicht auch gute Lösungen zu finden. Bei Meinungsunterschieden werden Sie stärker darauf drängen, dass die Annahmen transparent gemacht werden, und Sie werden in verschiedenen Situationen Wege ebnen, wie sich Kontroversen aus der Welt schaffen lassen.

Trainieren Sie also weiter Ihre Proaktivität, Selbstreflektiertheit, Kreativität, Aufgeklärtheit und Konsequenz. Machen Sie das nicht nur alleine, sondern in Diskussionen mit Freunden und Interessierten. Stoßen Sie Gedanken an und hinterfragen Sie. Sie wissen nie, welche Auswirkungen ein gutes Gespräch haben kann und welche gedanklichen Impulse bei Ihnen oder bei anderen angestoßen werden.

# DANKSAGUNGEN

Wir möchten uns an dieser Stelle bei einigen Personen bedanken, die uns sehr bei der Erstellung des Buches direkt oder indirekt geholfen haben.

Als erstes möchte sich der Erstautor bei seinem akademischen Vater Prof. Franz Eisenführ bedanken, der ihn zusammen mit Prof. Martin Weber vor ca. 30 Jahren in das spannende Gebiet der Entscheidungstheorie eingeführt hat. Das von beiden 1993 entwickelte Lehrbuch „Rationales Entscheiden" ist heute immer noch ein wichtiges Standardwerk zur Entscheidungstheorie und hat unser Denken entscheidend mitgeprägt.

Ganz wesentliche Impulse für das Konzept des reflektierten Entscheidens haben wir von Prof. Ralph Keeney[20] erhalten, und zwar nicht nur über seine bisherigen Veröffentlichungen zum Value-Focused Thinking. Vielmehr hatten wir die Gelegenheit, uns in persönlichen Treffen über den Ansatz des reflektierten Entscheidens, auch in seiner Umsetzung im ENTSCHEIDUNGSNAVI, umfangreich auszutauschen und seine wertvollen Impulse einfließen zu lassen.

Einen großen Einfluss auf das Buch hatte selbstverständlich auch Prof. Daniel Kahneman. Schon in den 70er-Jahren hatte er zusammen mit dem leider früh verstorbenen Prof. Amos Tversky viele Erkenntnisse über das menschliche Entscheidungsverhalten gesammelt und damit den Grundstein für viele weitere Forschungsarbeiten gelegt. Er erhielt 2002 den Nobelpreis für Wirtschaftswissenschaften. Vieles, was Sie in diesem Buch lesen konnten, stützt sich auf seine Studien und Veröffentlichungen.

Im Hinblick auf die Anwendung von entscheidungsanalytischen Methoden im Umfeld von Unternehmensentscheidungen wurden wir auch durch den Decision Quality-Ansatz von Dr. Carl Spetzler[21] und Kollegen inspiriert. Sein Konzept ähnelt tatsächlich in vielen Punkten unserem systematischen Vorgehen. Durch den unternehmerischen Anwendungskontext liegt allerdings ein stärkerer Fokus auf quantitativen Analysen, während bei unserem Ansatz ein noch größerer Schwerpunkt auf die qualitative Strukturierung einer Entscheidungssituation gelegt wird.

Als wichtigen Forscher im Bereich von intuitiven Bauchentscheidungen konnten wir an vielen Stellen des Buches auch auf die Arbeiten von Prof. Gerd Gigerenzer Bezug nehmen.[22] Darüber hinaus gibt es aber noch eine Vielzahl von weiteren Forschern, deren Arbeiten wir ebenfalls mit großem Interesse aufgenommen und verarbeitet haben, wie z.B. die Veröffentlichungen von Prof. Dan Ariely[23] oder Prof. Richard Thaler[24].

In der Niederschrift des Buches sowie auch in der Weiterentwicklung des ENTSCHEIDUNGSNAVI erhielten wir von vielen Kollegen, Freunden und unseren Familien sehr direkte Unterstützung, für die wir sehr dankbar sind. Mit unserem Kollegen Johannes Siebert arbeiten wir schon lange und erfolgreich in der Entwicklung des ENTSCHEIDUNGSNAVI zusammen und erhielten von ihm dementsprechend auch sehr nützliche Hinweise für das Buch. Ausgesprochen nützlich und immer kurzweilig waren auch die vielen Diskussionen mit Mendy Tönsfeuerborn, Christian Hannes und Sven Peters, die als wissenschaftliche MitarbeiterInnen in unserem Team entscheidend zur Entwicklung des Tools beigetragen haben und auch in der Erstellung des Buches nie sparsam mit Kritik umgegangen sind. Wichtig für uns waren auch immer die kritisch-konstruktiven Anmerkungen von Jannis von Nitzsch, der beharrlich mit einer Null-Toleranz-Strategie auf strukturell-konzeptionelle Schwächen in diversen Vorversionen des Buches hinwies. Jan Sporkmann und Dr. Sinan Perin haben uns als praktisch denkende Unternehmensberater mit starker wissenschaftlicher Verankerung kritischen und konstruktiven Input gegeben. Viele Hinweise für eine bessere Lesbarkeit und

Aufarbeitung der Inhalte haben wir auch erhalten von Marion von Nitzsch, Andrea König, Michi Bonda, Karin Hildebrandt und Martin Kölsch. Sehr hilfreich waren auch die vielen Hinweise, die wir von Marius Leroy erhalten haben, der zudem auch die Fallstudie Alex hervorragend für das Entscheidungsnavi aufbereitet hat. Ein ganz besonderer Dank von unserer Seite geht an dieser Stelle an das ausgezeichnete Entwicklerteam des Entscheidungsnavi Felix Linhart, Dominik Kus, Marian Kreiser und Daniel Schön, die immer motiviert und intelligent das Projekt gefördert haben. Zuletzt bedanken wir uns bei den vielen Studierenden, die uns in den letzten Jahren auf Verbesserungsmöglichkeiten in dem Tool hingewiesen haben.

# LITERATURHINWEISE


1. Murphy, Sheila T.; Zajonc, Robert B. (1993): Affect, cognition, and awareness: affective priming with optimal and suboptimal stimulus exposures. In: Journal of Personality and Social Psychology 64 (5), S. 723–739.
2. Bargh, John A.; Chen, Mark; Burrows, Lara (1996): Automaticity of social behavior: Direct effects of trait construct and stereotype activation on action. In: Journal of Personality and Social Psychology 71 (2), S. 230–244.
3. Dutton, Donald G.; Aron, Arthur P. (1974): Some evidence for heightened sexual attraction under conditions of high anxiety. In: Journal of Personality and Social Psychology 30 (4), S. 510.
4. Jacoby, Larry L.; Kelley, Colleen; Brown, Judith; Jasechko, Jennifer (1989): Becoming famous overnight: Limits on the ability to avoid unconscious influences of the past. In: Journal of Personality and Social Psychology 56 (3), S. 326–338.
5. Gigerenzer, Gerd (2007): Bauchentscheidungen. Die Intelligenz des Unbewussten und die Macht der Intuition, Bertelsmann, München.
6. Benartzi, Shlomo; Thaler, Richard H. (2001): Naive diversification strategies in defined contribution saving plans. In: The American Economic Review 91 (1), S. 79–98.
7. Kahneman, Daniel (2012): Schnelles Denken, Langsames Denken, Siedler Verlag, München.
8. Tversky, Amos; Kahneman, Daniel (1974): Judgment under uncertainty. Heuristics and biases. In: Science 185 (4157), S. 1124–1131.
9. Evans, Jonathan St BT (2003): In two minds: dual-process accounts of reasoning. In: Trends in cognitive sciences 7 (10), S. 454–459.
10. Tversky, Amos; Kahneman, Daniel (1991): Loss aversion in riskless choice: A reference-dependent model. The quarterly journal of economics, 106 (4), 1039–1061.
11. Bond, Samuel D.; Carlson, Kurt A.; Keeney, Ralph L. (2008): Generating Objectives: Can Decision Makers Articulate What They Want?, in: Management Science, 54 (1), S. 56–70.
12. Siebert, Johannes; Keeney, Ralph L. (2015): Creating more and better alternatives for decisions using objectives. Operations Research, 63 (5), 1144–1158.
13. Montibeller, Gilberto; Winterfeldt, Detlof von (2015): Cognitive and Motivational Biases in Decision and Risk Analysis, in: Risk Analysis 35 (7), S. 1230–1251.

14. Tversky, Amos; Kahneman, Daniel (1983): Extensional versus intuitive reasoning: The conjunction fallacy in probability judgment. In: Psychological review 90 (4), S. 293–315.
15. Peters, Ellen; Västfäll, Daniel; Slovic, Paul; Mertz, C. K.; Mazzocco, Ketti; Dickert, Stephan (2006): Numeracy and Decision Making. In: Psychological Science 17 (5), S. 407–413.
16. Svenson, Ola (1981): Are we all less risky and more skillful than our fellow drivers?, In: Acta psychologica 47 (2), S. 143–148.
17. Galton, Francis (1907): Vox Populi. In: Nature 75 (1949), S. 450–451. DOI: 10.1038/075450a0.
18. Herzog, Stefan M.; Hertwig, Ralph (2009): The Wisdom of Many in One Mind: Improving Individual Judgments With Dialectical Bootstrapping. In: Psychological Science 20 (2), S. 231–237. DOI: 10.1111/j.1467-9280.2009.02271.x
19. Meissner, Philip (2019): Entscheiden ist einfach. Wenn man weiß, wie es geht, Campus, Frankfurt/New/York.
20. Keeney, Ralph (2020): Give Yourself a Nudge: Helping Smart People Make Smarter Personal and Business Decisions, Cambridge University Press.
21. Spetzler, Carl; Winter, Hannah; Meyer, Jennifer (2016): Decision quality: Value creation from better business decisions, Wiley Online Library.
22. Gigerenzer, Gerd; Todd, Peter. M.; ABC Research Group (1999): Simple heuristics that make us smart, Oxford University Press, USA.
23. Ariely, Dan (2008): Denken hilft zwar, nützt aber nichts – Warum wir immer wieder unvernünftige Entscheidungen treffen, Droemer Verlag, München
24. Thaler, Richard H.; Sunstein, Cass (2009): Nudge – Wie man kluge Entscheidungen anstößt, Ullstein Buchverlage GmbH, Berlin.

Univ.-Prof. Dr. **Rüdiger von Nitzsch** leitet das Lehr- und Forschungsgebiet Entscheidungsforschung und Finanzdienstleistungen an der RWTH Aachen University. In seiner Forschung wird er angetrieben durch die Beobachtung, dass viele Entscheidungen in Politik, Gesellschaft und im persönlichen Bereich eigentlich besser getroffen werden müssten und viele davon profitieren könnten. Das auch in diesem Buch zitierte Internettool „Entscheidungsnavi" ist ein zentrales Ergebnis dieser Forschungen. Bekannt geworden ist er mit dem viel beachteten Ratgeber „Behavioral Finance: Gewinnen mit Kompetenz". Das vorliegende Buch „Reflektiert Entscheiden" richtet sich nunmehr nicht nur an Anleger an den Kapitalmärkten, sondern an jedermann. Herr von Nitzsch lebt in Aachen, ist verheiratet und hat drei erwachsene Kinder sowie eine Enkelin.

Dr. **Florian Methling** ist Berater einer internationalen Strategieberatung mit dem Fokus auf systematische Entscheidungsanalyse und war bereits als Dozent für Entscheidungslehre sowie als selbstständiger Berater im Finanzbereich tätig. Während sich sein ursprünglicher Forschungsschwerpunkt auf die Erweiterung des klassischen Zielsystems bei Investmententscheidungen mit Zielen wie Ethik und Moral konzentrierte, fokussiert er sich nun auf die Entwicklung von Entscheidungsunterstützungssystemen. Mit einem kleinen Anstoß und den richtigen Methoden lassen sich Menschen dazu ermutigen, mehr Verantwortung für ihre Lebenszufriedenheit zu übernehmen und sie mit ihren Entscheidungen aktiv zu beeinflussen. Das war eine der Motivationen für dieses Buch.